Sé tu líder

Irene Albacete

Sé tu líder

AGUILAR

Papel certificado por el Forest Stewardship Council®

Primera edición: enero de 2025

© 2025, Irene Albacete
© 2025, Penguin Random House Grupo Editorial, S. A. U.
Travessera de Gràcia, 47-49. 08021 Barcelona

Penguin Random House Grupo Editorial apoya la protección de la propiedad intelectual. La propiedad intelectual estimula la creatividad, defiende la diversidad en el ámbito de las ideas y el conocimiento, promueve la libre expresión y favorece una cultura viva. Gracias por comprar una edición autorizada de este libro y por respetar las leyes de propiedad intelectual al no reproducir ni distribuir ninguna parte de esta obra por ningún medio sin permiso. Al hacerlo está respaldando a los autores y permitiendo que PRHGE continúe publicando libros para todos los lectores. De conformidad con lo dispuesto en el artículo 67.3 del Real Decreto Ley 24/2021, de 2 de noviembre, PRHGE se reserva expresamente los derechos de reproducción y de uso de esta obra y de todos sus elementos mediante medios de lectura mecánica y otros medios adecuados a tal fin. Diríjase a CEDRO (Centro Español de Derechos Reprográficos, http://www.cedro.org) si necesita reproducir algún fragmento de esta obra.

Printed in Spain – Impreso en España

ISBN: 978-84-03-52495-8
Depósito legal: B-19183-2024

Compuesto en Mirakel Studio, S. L. U.

Impreso en Black Print CPI Ibérica, S. L.
Sant Andreu de la Barca (Barcelona)

AG 24958

A todas las personas que quieren ser felices

Índice

1. El poder de liderarte a ti mismo   15
2. ¿Cómo comenzó todo?   21
3. Estamos viviendo como prisioneros   25
4. Es imposible ganar una «guerra» sin un ejército   37
5. Las raíces del descontrol mental   47
6. De la reflexión a la acción   55
7. Autoconocimiento   67
8. Resistencia   97
9. El problema de nuestra era: no saber tomar decisiones   115
10. Entrenando tu inteligencia emocional   139
11. Actuando como líder   179
12. Entusiasmo: el arma más poderosa de la humanidad   199
13. El mundo necesita de ti más de lo que crees   207

Agradecimientos   211
Bibliografía   213

La prisa diaria y la falta de tiempo han agotado el espíritu de las personas. Hay tantas decisiones que tomar y cosas por hacer que la ansiedad, la inseguridad y la indecisión se apoderan de la rutina. Esto crea un abismo entre la vida que tienes y la vida que deseas.

¿Por qué es tan difícil hacer los cambios que quieres? Porque todas estas angustias te hacen sentir paralizado por el miedo. Miedo a lo desconocido, miedo a elegir, miedo a lo que podría pasar si tomas la decisión equivocada. Estos miedos impiden que muchas personas dejen relaciones tóxicas, trabajos sin propósito y, sobre todo, les impiden perseguir sus sueños.

Y el resultado es que las personas comienzan a buscar culpables por todo lo que no sale como esperaban. La culpa es del jefe, de la familia que no entiende, de la falta de suerte… Y lo más triste es que quienes se ven atrapados en este ciclo de sufrimiento experimentan cómo el dolor del alma se convierte en dolor físico, lo que los lleva a buscar médicos y medicamentos para aliviar estas heridas profundas.

Tal vez estés viviendo esto ahora mismo y te estés preguntando: ¿cómo me libero de tantos miedos? ¿Cómo curo las heridas del alma? ¿Cómo encuentro el valor para buscar un amor perdido, el trabajo de mis sueños, reconstruir relaciones rotas y encontrar la verdadera felicidad?

Para eso, quiero contarte una historia popular de la filosofía zen budista que habla sobre el origen de nuestro miedo:

> Hace mucho tiempo, había una pareja profundamente enamorada. Se casaron y su vida no podría haber sido más feliz. Los jóvenes prometieron que, si uno de ellos moría antes que el otro, el que le sobreviviera nunca se volvería a casar.
>
> Pasados unos pocos años, la esposa falleció siendo aún muy joven. El chico vivía su luto hasta que conoció a otra mujer de la que se enamoró perdidamente y decidió comenzar una nueva vida.
>
> Sin embargo, todas las noches, cuando estaba acostado con su nueva esposa, el espíritu de su exmujer aparecía ante él, juzgándolo y amenazándolo por haber roto su promesa.
>
> Sin saber cómo liberarse de esa persecución, el joven fue a buscar a un maestro para pedirle consejo.
>
> —¿Estás seguro de que es el espíritu de tu exesposa el que se te aparece todas las noches? —preguntó el maestro.
>
> —Sí, y sabe todo lo que hice, lo que comí, cómo está mi nueva relación... No sé qué hacer —respondió el joven desesperado.
>
> Después de reflexionar un poco, el maestro le respondió:

—La próxima noche coloca un balde lleno de granos de judías al lado de tu cama. Cuando el espíritu aparezca, sin mirar, te echarás un puñado de granos en la mano y la cerrarás. Luego desafíalo y dile: «Espíritu, si realmente eres quien dices ser, dime cuántos granos de frijol tengo en mi mano».

El joven volvió a casa y, cuando cayó la noche, hizo lo que el maestro le había aconsejado. En el momento en que el espíritu apareció y el joven le hizo la pregunta, el espíritu desapareció.

El espíritu desapareció porque era una creación de la mente del joven, que se sentía culpable por empezar una nueva relación amorosa. Al igual que cualquier miedo que puedas tener ahora, el espíritu que atormentaba al joven en la historia era solo una ilusión de su mente. Cualquier temor que sientas es en realidad la forma en que tu mente proyecta lo que llevas dentro. Y se convierte en una historia aterradora que tu mente crea y que te paraliza, haciéndote sentir indefenso y débil para cambiar tu realidad. Todo esto se construye en nuestro subconsciente, una parte profunda de nuestra mente que es responsable de la mayoría de nuestras acciones.

Ten esta certeza: todo comienza dentro de ti y lo que más deseo con este libro es que aprendas a blindar tu mente, que no pospongas los cambios que deseas hacer para ser verdaderamente feliz y que nunca más dejes para después la realización de tus sueños.

Convertirte en tu propio líder implica reconocer y abrazar el poder que tienes sobre tu vida. Esto no solo se trata de dirigir tu camino hacia el éxito profesional o personal, sino también de ser capaz de influir positivamente en quienes te rodean. Ser tu propio líder es entender que el liderazgo comienza desde el interior, con un profundo conocimiento de tus emociones, fortalezas y áreas de mejora. Es aprender a gestionar tus emociones de un modo efectivo, tomar decisiones conscientes y actuar de manera que refleje tus valores y aspiraciones más profundas.

Este libro te va a ayudar a ver tu vida como si fuera un barco en el mar, listo para zarpar hacia donde tú quieras ir. Tú eres el capitán de ese barco. Nadie más puede dirigir su timón.

Tenemos el poder de usar lo que nos rodea, sea bueno o malo, para llegar a donde queremos. Entonces tú decides por dónde quieres navegar, qué instrumentos vas a utilizar para ayudarte y qué ruta seguirás. Tú eres quien ajusta las velas para que te lleven en la dirección correcta, quien decide qué necesitas llevar contigo en este viaje. Piénsalo así: aunque el mar esté revuelto, tú puedes aprender a navegarlo a tu favor. Lo mejor de todo es hacer que el viaje sea tan placentero como el destino final.

1
El poder de liderarte a ti mismo

Definitivamente, sumergirse en las páginas de un libro es una experiencia que puede ser motivada por muchas razones. Puede que te haya atraído el título intrigante, que te haya resonado con un deseo interno de liderar tu vida de manera más consciente y poderosa. O quizá alguien cercano te lo ha recomendado con entusiasmo, sugiriendo que podría contener las respuestas que has estado buscando. También es posible que simplemente hayas sentido una profunda urgencia interna, una llamada a explorar nuevas perspectivas y descubrir el potencial de lo más profundo de tu ser.

Sea cual sea la razón que te ha llevado a tener este libro entre tus manos, es evidente que tienes una fuerza interna que busca algo más. Un deseo ardiente de trascender los límites de lo común, de desafiar el *statu quo* y de forjar tu propio camino hacia una vida más auténtica y satisfactoria.

Al nombrar este libro *Sé tu líder* he querido transmitir la idea de empoderamiento y autorrealización. Pero no quiero que pienses en ello de una manera parcial, sino en un liderazgo integral, en todos los aspectos de tu vida: desde tus relaciones personales y tu carrera profesional hasta tu bienestar emocional y tu crecimiento espiritual. Es una llamada a despertar esa parte de ti que sabe que eres capaz de más, que está lista para abrazar tu potencial ilimitado y crear la vida que de verdad deseas vivir.

La emocionante noticia que quiero compartir contigo es que ya has logrado un notable progreso en este camino. En efecto, desde el instante en que tomaste la decisión de adentrarte en estas páginas, tu intención se ha manifestado en una acción concreta. Es justo cuando te enfrentas a una disyuntiva, cuando realmente se define tu destino. Ahí es donde asumes el control de tu vida, eligiendo de forma consciente hacia dónde quieres dirigirte.

Son estos momentos los que revelan el inmenso poder que tienes para esculpir tu existencia, para proclamar un rotundo «¡Basta!» a lo que ya no te beneficia y abrazar una nueva perspectiva de vida.

La palabra «¡Basta!» es la declaración que cataliza el cambio, que promueve el crecimiento y te lleva hacia nuevas oportunidades y retos. Representa el valiente primer paso hacia el autoliderazgo, marcando el inicio de un viaje en dirección a lo que deseas con más firmeza y coraje.

Sin embargo, a lo largo de este recorrido hacia la cúspide de tus capacidades es crucial que te desvincules de cualquier tendencia a la mediocridad, que cuestiones lo establecido y que busques trascender la normalidad. Esto requiere revisar y, muchas veces, reformular tus creencias más arraigadas, salir de tu zona de confort y esforzarte más allá de lo que antes considerabas suficiente para lograr tus metas. Es una invitación a evolucionar constantemente, a perseguir la excelencia sin tregua y a nunca conformarte con menos de tu máximo potencial.

La vida está llena de pequeñeces que muchas veces ni notamos. Pero para disfrutar de verdad de esos detalles hay que aprender a mirar con ojos de asombro, a ver lo que está más allá de lo común. A veces, darte cuenta de algo pequeño, que siempre estuvo ahí pero nunca viste, puede cambiarlo todo.

Los grandes cambios suelen empezar con cosas pequeñas: una nueva perspectiva, un pequeño movimiento hacia otra dirección o pararte a escuchar ese instinto que te empuja a seguir adelante, hacia donde quieres ir.

En última instancia, quiero que sepas que este libro está pensado para ser útil, para darte herramientas concretas que te ayuden con los desafíos que enfrentas. Pero mi meta no es solo emocionarte por un momento. La emoción viene y va, y lo que quiero es solidez en ti, es despertar esa chispa que todos llevamos dentro, esa que nos motiva a generar nuevas cosas en nuestra vida cotidiana. La emoción puede darte un empujón, pero lo que realmente te lleva lejos es esa consciencia de motivación que se queda contigo, que te saca de tu zona de confort y te encamina hacia tus metas.

La felicidad que sientes puede ser pasajera, porque sentir emoción no es suficiente para transformar tu vida de raíz. Necesitas algo más que emoción para sobresalir y alcanzar todo lo que eres capaz de hacer. Por eso es clave tener una motivación que dure y comprometerte a realizar acciones concretas para hacer realidad tus sueños y alcanzar tus objetivos más importantes.

Quiero acompañarte en el camino que te llevará a ser más consciente de lo que te rodea, quiero ayudarte a captar todos esos detalles importantes en tu vida. Es vital que veas y aceptes el poder que tienes dentro para empezar el cambio que tanto buscas. Todos tenemos la habilidad de gobernarnos, de tomar control de nuestra vida y llevarla hacia donde queremos estar. Dentro de ti hay una grandeza que te puede conducir al éxito en todas las áreas de tu vida.

A veces pensamos que lograr la grandeza es solo para unos pocos elegidos, pero la realidad es que está al alcance de todo aquel que esté dispuesto a asumir el reto de liderarse a sí mismo. Ser tu propio líder no es solo decidir qué hacer; es también tener confianza en ti mismo, autodisciplina y la fuerza para seguir adelante, incluso cuando los desafíos parezcan demasiado grandes.

No importa en qué época vivas o de dónde seas, el cambio y el progreso son como un río que siempre fluye en una sola dirección.

Hoy dejo de lado las dudas.
Me escucho, me descubro y tomo
el control. Lo que antes me frenaba,
ahora me impulsa. Mi camino es mío,
y cada paso que doy me acerca
a mi mejor versión.

2

¿Cómo comenzó todo?

Desde que tengo memoria, los libros han sido mis mejores amigos. Me han mostrado mundos nuevos, ideas que nunca había considerado y me han ayudado a ver las cosas de otra manera. Me han empujado a pensar más allá, a cuestionar lo que siempre he creído y a darme cuenta de que puedo cambiar mi manera de ver el mundo. Pero esa nueva mirada no fue algo que sucedió de la noche a la mañana. Fue más bien como despertar de un profundo sueño poco a poco.

Uno de los libros que realmente marcó una diferencia en mi vida fue *El alquimista* de Paulo Coelho. De hecho, hay una frase en sus páginas que se ha quedado para siempre conmigo: «Al principio, tus sueños parecen imposibles, luego improbables, y cuando te comprometes, se vuelven inevitables». La recuerdo siempre para no olvidar que, aunque al principio parezca que nuestros sueños están fuera de nuestro alcance, si de verdad quieres algo y te comprometes a tenerlo y mantenerlo, todo el universo conspirará a tu favor para que realices ese deseo. Y es en el proceso de seguir nuestro deseo cuando aprendemos quiénes somos en realidad. En mi caso particular, cuando comencé a seguirlo, supe que todo lo vivido hasta entonces eran simples consecuencias de cómo había actuado y pensado durante los últimos años.

Me di cuenta de que estaba en un trabajo que no me hacía feliz, donde sentía que no me valoraban lo suficiente. Esa sensación de estar atrapada en mi propia vida y la certeza de no sentirme apreciada me despertaron. Entendí que no tenía por qué quedarme en un lugar que no me permitía crecer ni ser yo misma, así que decidí hacer un cambio enorme: dejar mi trabajo y lanzarme a compartir una transformación de vida.

Empecé a crear contenido en internet, poniendo en práctica todo lo que aprendía en libros que nunca me había atrevido a leer porque arriesgaban mi comodidad, retaban mis creencias y ponían en jaque mi concepto de vida.

Algo en mí, que había estado escondido mucho tiempo, se reveló y pasé a la acción. En aquel momento sentí que era lo que tenía que hacer. Es como suelen decir: todos los astros se alinean para que el milagro ocurra. Ya no estaba dispuesta a seguir viviendo una vida que no era la mía. Creí en el alma que yo no había venido a este mundo para sentirme de esa manera. Yo sabía que existía en mí algo mucho más poderoso, porque de hecho ya lo había sentido. Era mi Ser.

Así que empecé a sumergirme en el mundo del desarrollo personal, la neurociencia y la espiritualidad para entender en profundidad aquello. Con la mente abierta, fui aprendiendo a cuestionar todo aquello que siempre pensé que era lo correcto y adecuado. Fui entendiendo cómo los pensamientos influyen en nosotros. Cómo nuestra simple mente puede limitarnos, bendecirnos o maldecirnos.

Seguí leyendo otros muchos libros, como *El cerebro que se cambia a sí mismo*, del doctor Norman Doidge, y descubrí algo asombroso: que nuestro cerebro es súper flexible, como plastilina, y que podemos entrenarlo para pensar de manera diferente. Esto significa que podemos reescribir nuestras historias, sanar nuestras heridas y dirigir nuestros destinos hacia donde queramos. No estamos fijos ni terminados; somos obras en progreso, aprendemos, crecemos y evolucionamos constantemente.

La aventura continúa y cada día es una oportunidad para abrazar el cambio, para ser un poco más nosotros mismos y para hacer de este mundo un lugar mejor. Vamos juntos hacia adelante, con curiosidad, con esperanza y con el corazón abierto a todas las posibilidades que nos esperan.

Hoy me libero de lo que
fui y creo lo que quiero ser.

3

Estamos viviendo como prisioneros

Esta afirmación puede parecer dura al principio, pero entenderás a qué me refiero. ¿Cuántas veces has sentido que el control de tu vida no está en tus manos?

Haces todo lo que puedes, pero parece que tus fuerzas se agotan antes de alcanzar la meta. O, peor aún, logras hacerlo todo con las mejores intenciones, pero el resultado no es el que esperabas. Entonces te sientes insatisfecho. No puedes vivir la relación que siempre soñaste. No ganas lo que te gustaría. No te sientes bien contigo mismo. Y, además, muchas veces surgen factores que te limitan aún más, como la inseguridad, la ansiedad, el estrés, el miedo o incluso la depresión.

Todo esto te deja desanimado, sin ganas de levantarte y salir a afrontar otro día de trabajo, otro desafío, sin motivación para luchar y buscar lo que realmente te haría feliz.

La mayor parte del tiempo estamos insatisfechos con nuestra situación en el trabajo, en las relaciones, en la salud y en la vida en general. Es entonces cuando empezamos a compararnos con otras personas, y, claro, mirándolo de lejos, casi siempre el césped del vecino parece más verde.

Quizá surjan pensamientos de rebelión, quieras desistir y te preguntes cuándo terminará todo esto. Generalmente, cuando uno tiene muchas metas, deseos y ambiciones, y va pasando el tiempo, se tiende a desfallecer, parece que encontramos barreras que nos limitan para ser quienes queremos o incluso para vivir felices de la manera que deseamos.

Pero, si miramos a nuestro alrededor, seremos conscientes de que esas barreras no existen afuera; es decir, nada ni nadie nos prohíbe buscar lo que queremos. Entonces ¿dónde están?

Dentro de nosotros, en nuestra mente. Ella nos vigila y nos dice lo que está permitido o no. Lo que sentimos o dejamos de sentir. Lo que vivimos o dejamos de vivir. Nuestra mente se convierte a menudo en la voz de nuestra angustia.

Y, CLARO, AHORA ES CUANDO DESEAMOS SOLUCIONES MÁGICAS...

A nadie le gusta sufrir, y queremos que el sufrimiento se vaya lo más rápido posible, pero, si no sabemos cómo cambiarnos a nosotros mismos, ¿cómo dejamos de sufrir? El camino fácil y fallido es buscar desesperadamente respuestas instantáneas fuera de nosotros o incluso echar pelotas fuera y culpar a algo o a alguien.

Cuando estamos insatisfechos con nuestra relación, tendemos a quejarnos de nuestra pareja hasta el punto de querer reemplazarla. Si los padres tienen problemas con los hijos, como no se les puede cambiar, se les intenta forzar a ser como ellos quieren. La solución siempre parece ser cambiar o sustituir a la persona.

Pero, como es de esperar, no es solución. Entonces empezamos a sentir el problema en nosotros mismos, a través de síntomas como ansiedad, miedo e incluso depresión. Lo triste es que estos males se están volviendo cada vez más comunes.

Nuestra mente crea estrategias para protegernos. Y, debido a que desconocemos los mecanismos que la hacen actuar de ciertas maneras, no logramos encontrar la clave para liberarnos de nuestras prisiones mentales.

Cierta vez, un discípulo le dijo a su maestro:

«He pasado gran parte del día viendo cosas que no debería ver, deseando cosas que no debería desear, haciendo planes que no debería hacer».

El maestro invitó al discípulo a dar un paseo. En el camino señaló una planta y le preguntó si sabía qué era.

«Belladona. Es una planta que puede matar a quien coma sus hojas», dijo el discípulo.

Y el maestro respondió: «Pero no puede matar a quien solo la observa. De la misma manera, los deseos negativos no pueden causar ningún daño si no te dejas seducir por ellos».

Diariamente todos enfrentamos diversos desafíos. Lo que para algunos podría ser una experiencia de alivio, para otros es un gran sufrimiento. Y mientras algunas personas manejan situaciones de conflicto con mucha tranquilidad, otras caen en ciclos de negatividad muy difíciles de romper.

¿Por qué ocurre esto? ¿Por qué los pensamientos negativos y desmotivadores atormentan a algunas personas, mientras otras parecen estar bendecidas con la simplicidad de la alegría? ¿Por qué parece que, no importa lo que hagamos, no logramos mejorar nuestras relaciones, controlar nuestra ansiedad o simplemente hacer lo que creemos que es mejor?

Muchas veces sentimos que no tenemos control sobre nuestra propia vida, y lo cierto es que no, por lo general, no lo tenemos. Hemos sido programados para ser lo que somos, para lograr lo que hemos logrado en nuestras vidas y también para sufrir lo que estamos sufriendo.

Pero ¡ten calma! No quiero desanimarte ni decirte que debes conformarte con la situación en la que te encuentras. Al contrario, entender que eres prisionero de tu propia mente es el primer paso para descubrir cómo salir de esas rejas.

He dicho que estás atrapado, pero antes de explorar qué es esa prisión, necesitamos saber quién eres tú.

De acuerdo con los mayores especialistas del mundo en cerebro y cognición, quien piensas que eres en realidad representa solo el 5 % de quien realmente eres. Sí, tú, que lees, piensas y cuestionas, eres solo el 5 % de tu identidad, ya que el otro 95 % está fuera de tu acceso consciente.

Tal vez dudes de esta información, pero puedo darte una pequeña muestra de lo que estoy contándote: mientras leías estas líneas, hace unos segundos, no estabas siendo consciente de lo que sentías, de la posición de tu pie, de la textura de la superficie donde estabas sentado, del ritmo de tu respiración o incluso de los sonidos a tu alrededor. Por otro lado, ahora que acabas de leerlo en el párrafo anterior,

28   Sé tu líder

mientras lo has hecho has empezado a notarlo todo. Es decir, te has hecho consciente de esos factores que mencioné, pero que tu cuerpo y tus oídos ya estaban captando independientemente de ello.

Esa parte tuya que tiene la capacidad de dirigir tu voluntad y atención, leer, reflexionar, cuestionar, analizar y entender el mundo es lo que llamamos «mente consciente».

Mientras tu mente consciente está pensando en una sola cosa, hay miles de procesos e interacciones ocurriendo en tu cuerpo y entre tú y el mundo. Tu corazón está latiendo sin que tú decidas hacerlo. Cada centímetro de tu piel está recibiendo información del entorno, como la textura y la presión de lo que está tocando, la temperatura del lugar donde estás ahora, si hay o no otras personas a tu alrededor...

Aunque no te fijaras en tus pies hace unos momentos, si un insecto te tocara, lo apartarías inmediatamente con la mano, tal vez sin siquiera pensar en esa acción, de manera automática. Tus funciones biológicas, todo lo que tu organismo hace de forma mecánica, lo controlamos con la «mente subconsciente». Por eso, aunque tu atención esté solo en estas líneas, tu mente está ahora mismo ensamblando sílabas, palabras, recordando sus significados y conectándolo todo para que la frase tenga sentido, todo en fracciones de segundo. Es un proceso muy complejo que hoy se realiza automáticamente sin que necesites pensar en ello.

Pues cosas como los hábitos, y también tu parte emocional, están bajo el control de tu mente subconsciente.

Entonces ¿dónde está la raíz de nuestro descontrol? El subconsciente guarda memorias que explican mucho sobre las personas en las que nos hemos convertido. Estas memorias, acumuladas desde la infancia y a través de diversas experiencias, influyen de manera significativa en nuestras reacciones, hábitos y decisiones. El problema es que estas memorias están tan arraigadas y tan bien guardadas en las profundidades de nuestra mente que muchas veces ni siquiera sabemos que existen.

A menudo estos recuerdos enterrados surgen de manera sutil en forma de miedos irracionales, comportamientos automáticos o respuestas emocionales desproporcionadas que no logramos entender del todo. Nos encontramos repitiendo patrones de comportamiento que no deseamos o sintiéndonos atrapados en ciclos de autosabotaje que nos impiden avanzar. Estas memorias ocultas pueden afectar nuestras emociones y nuestras relaciones, incluso sin que nos demos cuenta.

Para cambiar y recuperar el control de nuestras vidas, necesitamos aprender a acceder y a transformar estas memorias subconscientes. Esto implica un proceso de autoconocimiento profundo, en el que explorar nuestras creencias, afrontar nuestros miedos y descubrir las historias no contadas que yacen en nuestro interior. Solo al traer a la luz estos recuerdos ocultos y comprender su influencia en nuestro presente, podremos liberarnos de su control y empezar a dirigir nuestra vida con mayor claridad y propósito. Es fundamental hacer frente a esa parte desconocida para poder dirigir nuestra vida de manera más consciente y satisfactoria.

Juan es un cliente con el que llevo tiempo trabajando en sesiones de coaching. Es alguien que, como muchas personas, lucha con un vicio que ha arrastrado durante años, sin entender completamente por qué le costaba tanto dejarlo. Durante nuestras sesiones descubrimos que detrás de su adicción había una historia emocional muy profunda que él mismo había olvidado: cuando era niño, estaba enamorado de las motos. Exactamente como muchas otras niñas y niños, nada fuera de lo común. A los seis años tuvo un hermano, Pedro, y de repente perdió la atención exclusiva de sus padres y familiares cercanos, como abuelos, tíos y primos. La llegada de un hermano es un impacto muchas veces, una situación de crisis bastante común en las familias. Hasta aquí, nuevamente, nada fuera de lo normal. Pero llegamos al punto clave: un día vio a su padre sobre una moto encendiendo un cigarrillo. Para él, esa era una pose de héroe. Esa escena unía a un ídolo en la vida de Juan, su padre, y su mayor objeto de admiración en la infancia, la moto. En ese momento, en un periodo de sensibilidad debido a la llegada del hermano, quiso ser como su padre. No sería hasta años después, en la adolescencia, cuando aceptara un cigarrillo que le ofreció un primo mayor al que también admiraba mucho. Compartir eso con él le hizo sentirse poderoso. Poco a poco comenzó a fumar con más frecuencia para acompañar a su primo, hasta llegar a ser considerado fumador. Aunque esa imagen de su infancia ya no estuviera en su consciente, la lección que estaba registrada en su subconsciente era que fumar era lo que hacían los héroes, como su padre, como su primo. Así, a lo largo de su vida, cada vez que Juan se sentía desafiado por alguna situación, por pequeña que fuera, como el estrés en el trabajo, su mente entendía que para superar eso más fácilmente, necesitaba fumar. Y surgía ese deseo incontrolable. Juan no dejaba de fumar, no porque no fuera lo bastante fuerte, sino porque su mente no se lo permitía. Sin que él lo comprendiera, su mente le decía que si dejaba de fumar, dejaría de ser un héroe.

Nuestra mente subconsciente es poderosa y solo quiere protegernos. Sin embargo, es inocente y muchas veces entiende mal y nos protege de maneras que preferiríamos evitar. Puede generar sentimientos de afecto, cariño y apego, haciendo que nos esforcemos en exceso por nuestras relaciones, para protegernos de la soledad. También puede crear sentimientos de nerviosismo y miedo cuando estamos frente a una oportunidad, para protegernos de una posible vergüenza si fallamos. Lo sé bien porque yo misma he estado en esa situación, mi mente también ha usado esas estrategias para protegerme, o, más bien, sabotearme.

Esta es nuestra prisión mental: el subconsciente. Con un aprendizaje distorsionado, muchas veces creyendo que nos está ayudando, frustra los proyectos, sueños y planes que podrían brindarnos más felicidad.

Entonces ¿cómo resolvemos este conflicto? Aprendiendo a acceder a nuestro subconsciente y, como haríamos con un ordenador averiado, reprogramándolo.

Test del genio mágico

Tómate unos minutos para pensar en todas las áreas de tu vida: autoestima, familia, carrera, salud, finanzas y espiritualidad... Si pudieras darle a cada una de estas áreas una calificación del 0 al 10, donde 0 significa que está muy mal y 10 que está en perfecto estado, ¿cómo las evaluarías? Si quieres, puedes escribirlo.

Ahora imagina que aparece un genio mágico en este momento y te dice: «Elige un área, y la convertiré en una bendición». ¿Cuál elegirías?

Piensa en el área de tu vida que está más afectada y cuál es el principal factor que ha causado ese desequilibrio. Esa respuesta es lo que causa tu infelicidad, el desafío que necesitas superar. Podría ser:

- ¿Insatisfacción contigo mismo por estar muy por encima de tu peso?
- ¿Infelicidad por los constantes problemas familiares?
- ¿Desmotivación porque no creces en el trabajo o no haces lo que te gusta?
- ¿Agobio por las deudas?
- ¿Desesperación porque no puedes librarte de la depresión?

El genio mágico es tu propia mente. Y tú serás responsable de activarla para realizar los cambios que deseas. Por lo tanto, a lo largo de la lectura del resto de este libro recuerda tu infelicidad o desafío, el que hayas detectado. Recibirás las herramientas para operar la magia en ti mismo.

Ten presente que tu mente tiene el poder de transformar tu realidad. La intención es que utilices las estrategias y técnicas aquí presentadas para activar tu mente y comenzar a realizar los cambios necesarios para superar tus desafíos y alcanzar una mayor felicidad y satisfacción personal. ¿Empezamos?

Tu mente puede
ser tu mayor obstáculo
o tu mejor herramienta. El
cambio empieza cuando tomas el
control y diriges tus pensamientos hacia lo
que realmente deseas. Actúa con
intención y verás los
resultados.

4

Es imposible ganar una «guerra» sin un ejército

El problema surge cuando tú, es decir, tu parte consciente, tiene un deseo, pero tu subconsciente, que es mucho más poderoso, no lo necesita o, peor aún, quiere lo contrario.

Muchas veces, cuando queremos cambiar algo en nuestra vida, sentimos que estamos librando una verdadera guerra interna, y por lo general la perdemos. Esto sucede porque no sabemos cómo usar el ejército que tenemos dentro de nosotros.

Imagina que nuestro ejército está compuesto por cien soldados. Cuando nos comprometemos en serio con lograr algo (conscientemente), es como si enviáramos a nuestros cinco mejores soldados a la batalla. Sin embargo, si el resto del ejército, los otros 95 soldados (subconsciente), no se une y lucha con convicción por el éxito de nuestra misión y en lugar de eso decide quedarse descansando en el cuartel, la derrota será inevitable.

Si pensamos en el ejemplo de Juan del capítulo anterior, su guerra es contra la adicción al cigarrillo. Conscientemente sabe que necesita dejar de fumar, quiere cuidar su salud, ver a sus hijos graduarse en la universidad. Más importante aún, quiere jugar en el suelo con sus nietos algún día, un sueño que siempre ha tenido. Para ello, siguiendo la analogía, Juan siempre envía a sus cinco soldados más espectaculares a la guerra, pero van solos y, claro, pierden. Y cada vez que sean convocados estarán más desanimados y serán derrotados más rápidamente. Por eso parece que cada vez que Juan intenta dejar de fumar le cuesta el doble y vuelve al cigarrillo en menos tiempo.

Ahora debes estar preguntándote: ¿Y qué hace que el subconsciente no quiera el cambio, no desee enfrentar la batalla y luchar por la victoria?

El subconsciente ha sido programado para esto. Y si, como hemos dicho, es el 95 % de quien eres, podemos decir prácticamente que tú eres tu subconsciente. Si eres gordo, delgado, ansioso, depresivo, si tienes buenas relaciones o no, si tienes éxito profesional o no, si eres fumador o no… Todo lo que eres, desde tus hábitos alimentarios hasta tu éxito profesional, ha sido moldeado, en gran parte, por lo que está «grabado» en tu subconsciente.

¿Cómo llegamos a ser lo que somos?

La respuesta está en las lecciones que hemos ido absorbiendo a lo largo de nuestras experiencias. Cada evento, cada emoción, cada interacción ha dejado una marca en nuestro subconsciente, enseñándole cómo reaccionar y qué decisiones tomar en el futuro.

¿Cómo se graban estas lecciones?

El subconsciente actúa como una grabadora siempre encendida. Desde que somos pequeños, cada experiencia significativa que vivimos queda almacenada, no tanto en forma de palabras, sino en sensaciones, emociones y creencias profundas. Si alguna vez te has preguntado por qué sigues repitiendo ciertos patrones o por qué algo tan aparentemente sencillo como una crítica puede desencadenar una respuesta emocional fuerte, la respuesta está en las lecciones subconscientes que has aprendido.

Estas lecciones son como instrucciones que tu subconsciente sigue al pie de la letra. Y lo curioso es que el subconsciente no cuestiona.

Tal vez, cuando eras niño, intentaste algo nuevo y no salió como esperabas. Tal vez recibiste burlas de tus compañeros o un adulto cercano te dijo algo como: «Esto no es para ti» o «Esto no se te da bien». Aunque puede que esas palabras no fueran malintencionadas, tu subconsciente las grabó como una lección importante para protegerte del dolor de fracasar o ser rechazado: «Es mejor no intentar cosas nuevas si existe el riesgo de fallar o ser rechazado».

Con el tiempo, esta lección se arraigó profundamente. Conforme ibas creciendo, surgieron oportunidades profesionales o incluso pensaste en comenzar tu propio proyecto, pero tu subconsciente te envió una señal de alerta como: «Recuerda lo que pasó la última vez que intentaste algo y no salió bien. Es mejor no arriesgarse».

Este miedo al rechazo o al fracaso, aunque no es algo consciente, ha empezado a frenar tu crecimiento profesional. Te das cuenta de que, aunque tienes muchas ideas y potencial, siempre te encuentras estancado, evitando tomar esos riesgos necesarios para avanzar. El miedo al rechazo te impide sobresalir y destacarte, porque prefieres quedarte en tu zona de confort, donde no existe el riesgo de fallar o ser juzgado.

Este mismo patrón puede manifestarse en las relaciones. Imagina que, en tu adolescencia, fuiste rechazado por alguien que te importaba o te gustaba, o que cada vez que intentabas mostrar afecto o vulnerabilidad, recibías respuestas frías o indiferentes. El mensaje que tu subconsciente recibió fue claro: «Mostrar tus sentimientos te llevará al rechazo».

A medida que creces, esta creencia subconsciente sigue operando.

Cada vez que tienes la oportunidad de establecer una relación íntima o profunda, algo dentro de ti te frena. Te cuesta acercarte demasiado, abrirte por completo o expresar lo que realmente sientes, por miedo a que la otra persona te rechace o no te acepte tal como eres. Este miedo te lleva a sabotear relaciones o a evitar aquellas que podrían ser significativas, porque el temor al rechazo pesa más que el deseo de conectar.

¿Cómo se contradice esta programación?

El subconsciente es poderoso y suele operar en piloto automático, guiando nuestras decisiones y acciones sin que nos demos cuenta. Muchas veces, las creencias y lecciones que tenemos grabadas fueron útiles en algún momento de nuestras vidas, pero con el tiempo, pueden convertirse en barreras que nos impiden avanzar. La buena noticia es que estas programaciones no son permanentes. Si bien el subconsciente sigue repitiendo patrones aprendidos, es posible reprogramarlo para alinearlo con nuestras metas y deseos actuales.

Para contradecir estas viejas lecciones, es necesario primero identificar cuáles son las creencias limitantes que nos están frenando, y luego tomar medidas conscientes para superarlas. Esto requiere un proceso de reflexión y acción, donde poco a poco vamos desafiando las antiguas creencias y reemplazándolas por nuevas lecciones más beneficiosas.

A continuación te explico los pasos clave para comenzar a reprogramar tu subconsciente y liberarte de esas limitaciones del pasado.

1. **Identificar la creencia limitante:** Lo primero es reconocer que tu miedo al rechazo es un eco de una experiencia pasada que grabó esa lección en tu subconsciente. En ambos casos, sea en el ámbito profesional o en las relaciones, te das cuenta de que el miedo al fracaso o al rechazo está controlando tus decisiones y limitando tu crecimiento.

2. **Cuestionar la lección subconsciente:** Pregúntate: ¿es cierto que intentar cosas nuevas me llevará al fracaso o que abrirme emocionalmente siempre terminará en rechazo? Empieza a buscar ejemplos de personas que han enfrentado estos mismos miedos y han tenido éxito, o momentos en los que tú mismo has corrido un riesgo y no ha sido tan malo como esperabas. La realidad es que el rechazo o el fracaso

no definen tu valor. Puedes fallar y aprender, o ser rechazado y seguir creciendo.

3. **Exponerte de manera consciente al riesgo:** El siguiente paso es enfrentar ese miedo, pero de forma controlada y poco a poco. En lo profesional, puedes empezar por tomar pequeños riesgos, como compartir una idea en una reunión o pedir algo que normalmente evitarías. Al hacerlo te darás cuenta de que ser rechazado no es tan malo como creías. Con cada paso tu mente empezará a aprender que tomar riesgos abre nuevas oportunidades, y que el rechazo no te define.

   En las relaciones puedes intentar ser más abierto con lo que sientes, empezando por compartir cosas pequeñas con personas cercanas. Te darás cuenta de que, en la mayoría de los casos, mostrar tus emociones no lleva al rechazo, sino a una mayor conexión con los demás. Esto ayudará a que tu mente aprenda una nueva lección: ser vulnerable te acerca a las personas y fortalece tus relaciones.

4. **Reforzar la nueva programación:** Con el tiempo y la repetición, tu mente empieza a aceptar la nueva realidad: el rechazo o el fracaso no son amenazas, sino partes necesarias del crecimiento. Lo que antes te paralizaba, ahora se convierte en una oportunidad para avanzar. Esta reprogramación sucede cuando, poco a poco, reemplazas la vieja creencia de «es mejor no intentarlo» con una nueva, más poderosa: «Intentar y fallar me acerca al éxito, y abrirme me permite construir relaciones más auténticas».

El espejo de las oportunidades perdidas

Un día, un hombre deprimido, inspirado por los cuentos de hadas, se paró frente al espejo y dijo:

—Espejito, espejito, ¿hay alguien en el mundo más triste que yo?

Para su sorpresa, el espejo respondió:

—¡Sí!

El hombre, intrigado, no sabía qué hacer. ¿Un espejo que hablaba y respondía a una pregunta retórica? Así que no le quedó más remedio que preguntar quién podría estar peor que él.

El espejo respondió:

—¡Yo! ¡Yo soy más triste que tú! Porque tengo que ver todos los días a una persona con un potencial infinito, una capacidad ilimitada, que no se permite vivir ni explorar todo eso porque ha decidido que es triste.

¿Cuántas personas en este momento están en una situación peor que la tuya? ¿Cuántas personas están hoy en su último día de vida y lo único que desearían sería tener unos días más para intentar cambiar un poco su propia historia? Tú tienes todo lo necesario para ser feliz y sabes lo que es.

Mírate más de cerca, tal vez lo percibas.

Esta historia ilustra cómo nuestras creencias y percepciones, almacenadas en el subconsciente, pueden limitar nuestro potencial. Nos hace reflexionar sobre cómo nuestras experiencias pasadas y las lecciones aprendidas pueden influir en nuestras acciones y emociones actuales. A menudo no nos damos cuenta de que somos nosotros mismos quienes nos ponemos barreras, al creer que no podemos cambiar o mejorar.

El primer paso para cambiar estas programaciones es tomar conciencia de ellas. Entender que las limitaciones que sentimos son, en gran parte, producto de nuestras propias creencias, nuestro baúl de experiencias que, aunque a veces nos sirven, otras nos dan una versión equivocada de nuestras posibilidades. Una vez que nos damos cuenta de esto, podemos comenzar a reprogramar nuestro subconsciente, reemplazando las creencias limitantes con pensamientos y actitudes que nos impulsen hacia nuestros objetivos.

El hombre del relato no podía estar discutiendo con algo que no existía, ese espejo era una creación de su mente, e igual que había creado ese espejo hablante, también había creado su tristeza. Todo lo que pensaba que lo limitaba y lo hacía infeliz era solo un reflejo de lo que estaba mirando. La solución era tan sencilla como mirar hacia otro lado.

La batalla más grande es
la que libras dentro de ti. Gánala,
y el mundo será tuyo.

5

Las raíces del descontrol mental

Ahora que tienes una idea general de cómo funciona nuestra mente, vamos a profundizar en cómo opera en el día a día, muchas veces sin que nos demos cuenta. Ello es debido a que, como ordenadores, nuestras mentes han sido programadas durante toda nuestra vida para pensar de determinada manera. Os voy a explicar paso a paso cómo sucede mediante un ejemplo laboral, aunque podríamos extrapolarlo a otras facetas de nuestra vida.

1. **Programación inicial:** Desde muy pequeños nos crían y educan con determinadas ideas, por ejemplo, la idea de que debemos ser personas aceptadas y exitosas, obtener buenas calificaciones, progresar en la vida, ganar un buen salario, alcanzar una posición respetada en la sociedad y que la consecuencia de hacer todo eso es que conseguiremos ser felices. Esta es la primera fase de la programación de nuestra mente.

2. **Influencia externa:** Más adelante es la sociedad la encargada de reforzar constantemente la programación, estas ideas, insistiendo en que el éxito y la felicidad están intrínsecamente ligados. La publicidad, las películas, los mensajes en los medios..., nos presentan un modelo ideal al que todos deberíamos aspirar: formar parte del grupo de las personas exitosas, ya que, se supone, ese es el camino a la felicidad.

3. **Registro en la memoria subconsciente:** La memoria a largo plazo de nuestro subconsciente, a base de la repetición, confirma esta necesidad de ser aceptado y alcanzar una buena posición. Todos nuestros logros y fracasos se almacenan allí y, como ya os he contado, esto condiciona nuestras futuras decisiones y emociones.

4. **Autoprotección subconsciente:** Por eso, cuando no estamos cumpliendo con estos estándares, el subconsciente activa mecanismos de autoprotección. Nos hace sentir mal para alertarnos de que algo no está bien y debemos cambiar. El semáforo de nuestra mente se pone en rojo peligro: quizá, si no somos exitosos, no nos acepten, no podamos ser felices. Hay que hacer algo para remediarlo.

5. **Análisis consciente:** Es entonces cuando la parte racional de nuestra mente intenta explicar por qué nos sentimos mal. Las únicas referencias que tiene son las que le hemos proporcionado todo el tiempo. Las instrucciones han sido desde siempre

alcanzar una buena posición en la sociedad y la situación actual, comparando nuestro éxito con el ideal presentado por la sociedad. Así que la conclusión de nuestra mente racional es: «Estoy mal porque no tengo el éxito que se espera de mí».

6. **Búsqueda de soluciones conscientes:** Ahora nuestra parte analítica, al haber creído detectar el problema, quiere encontrar soluciones para alcanzar el éxito que, según su lógica, nos debería restituir la felicidad. Entonces las respuestas que encuentra generalmente en la sociedad están relacionadas con ganar más dinero, ya que esto se asocia con ser más feliz. Por lo tanto, empezamos a buscar formas de lograr esto.

7. **Influencia de la memoria a corto plazo:** Nuestra memoria a corto plazo refuerza esta idea, ya que está llena de información sobre personas que abrieron negocios y ganaron mucho dinero. O sobre gente que logró ascender en su empresa y se convirtió en un gran líder. Estas historias, que leemos o escuchamos en los medios o en los libros, refuerzan la idea de que ese es el camino a seguir.

8. **Conclusión analítica:** Con todos estos datos, la parte analítica de nuestra mente llega a la conclusión de que abrir un negocio o ascender es la mejor forma de ganar más dinero y, por ende, ser más feliz.

9. **Activación de la fuerza de voluntad:** Con esta conclusión se activa nuestra fuerza de voluntad para

enfocarnos en hacer lo necesario para que el nuevo negocio tenga éxito o para hacernos ver en nuestro trabajo. Nos llenamos de energía y determinación para llevar a cabo este plan.

10. **Respuesta del subconsciente:** La posibilidad de que el negocio tenga éxito o de nuestro ascenso se vuelve inminente. El subconsciente empieza a captar todos los posibles cambios que esto podría traer a nuestra vida y verifica en la memoria a largo plazo si todo está en congruencia.

11. **Conflictos internos:** Sin embargo, en nuestra memoria a largo plazo puede haber información negativa sobre el dinero, como «Las personas ricas son deshonestas y arrogantes», y valores muy fuertes sobre la honestidad. Estos conflictos internos comienzan a surgir y hacen que esa felicidad prometida no llegue.

12. **Reacción de autoprotección:** El subconsciente, intentando protegernos, vuelve a activar la alarma y genera emociones. Estas emociones pueden ser de desánimo o negatividad hacia este cambio que estamos intentando iniciar y, al mismo tiempo, de entusiasmo o interés hacia otras opciones para desviar nuestra atención. Esto evita que se concrete el plan de éxito.

13. **Agotamiento de la fuerza de voluntad:** A medida que estas emociones contrapuestas nos invaden, la

fuerza de voluntad se agota. La mente analítica se deja llevar por las alternativas y opciones producidas por el subconsciente ante la duda.

14. **Refuerzo del hábito de perder el foco:** Es entonces cuando dejamos de hacer lo necesario para mantener el enfoque, perdemos la concentración. Este ciclo se repite una y otra vez, uno y otro día, lo que afecta a nuestra capacidad de alcanzar el éxito en esa empresa, negocio o ascenso.

15. **Fracaso y justificación racional:** Al perder el foco, el negocio o mejora fracasa y la mente racional justifica este fracaso poniendo excusas como: «El problema es la crisis». Y esta conclusión refuerza la creencia de que no podemos alcanzar el nivel que deberíamos tener.

16. **Confirmación del subconsciente:** Tanto el consciente como el subconsciente confirman una vez más que no hemos alcanzado el nivel que deberíamos y que quizá así deba ser para siempre. Estamos reforzando este aprendizaje y, por tanto, también esta creencia.

Esta es una forma didáctica de ilustrar cómo nuestra mente controla nuestra vida. No es posible abrir el cerebro y encontrar cajitas con información que expliquen la función de cada parte, pero este ejemplo muestra cómo encajan, cómo ocurre el intercambio de información dentro de nosotros.

El ejemplo de arriba es el camino del fracaso que todos hemos transitado en el trabajo, en el cambio de un hábito o en cualquier otra situación que nos enfrenta a nuestras creencias. Y entiende «fracaso» aquí como cualquier obstáculo a tu desafío actual, aquello que está bloqueando parte de tu felicidad. Es decir, falta de éxito, aunque podrías sustituirlo por depresión, insomnio, adicción, obesidad, problemas de relación, enfermedades emocionales o cualquier otra cuestión. El camino es similar: hay una programación en ti que te impide ser o estar de la manera que crees que es tu ideal. Y todo este ciclo se repite en tu cabeza en cuestión de segundos.

La mente, tanto consciente como subconsciente, desempeña un papel crucial en nuestras vidas diarias, ya que determina nuestras acciones y reacciones. Para superar estos obstáculos, es fundamental entender nuestros procesos internos y trabajar para reprogramar nuestras creencias y hábitos para que trabajen a nuestro favor en lugar de en nuestra contra.

Aunque parezca un trabalenguas, pon atención a esto: somos conscientes de lo que el subconsciente quiere que seamos conscientes. Ese es el resumen de lo que la ciencia ha confirmado.

Una vez que un concepto, creencia o hábito ha sido aceptado por la mente subconsciente, permanecerá allí hasta ser reemplazado por otro. Todo el mundo tiene puntos de vista incorrectos en su programación, pero ¡qué difícil es deshacerse de ellos! Creemos saber cuál es el mejor partido político, el mejor equipo, la mejor creencia, la religión verdadera…

Desde el momento en que aceptas algo como veraz, se

52   Sé tu líder

mantendrá así hasta que una idea más fuerte lo reemplace. Y podemos añadir: cuanto más tiempo permanezca una idea en nuestra mente, más difícil será reemplazarla por una nueva.

Las *verdades* problemáticas son las que ni siquiera consideras un segundo que puedan ser falsas. Te sonarán algunas como:

- Cualquier persona en mi situación también se sentiría deprimida.
- Es difícil salir de una depresión.
- Me llevará años cambiar mi salud.
- No se puede dejar una adicción de un día para otro.
- Necesito sufrir mucho para ser alguien en la vida.
- No soy atractivo para otras personas.
- Es difícil tener éxito.

Estas afirmaciones forman parte de tus programas subconscientes. Y ¿adivina qué?: si no las cuestionas y no intentas reemplazarlas por otras verdades, seguirán allí, petrificadas en tu mente. Y así es como se forman los hábitos. Los buenos y los malos surgen de la misma manera. Primero pensamos, luego actuamos. Puede parecer obvio, pero no lo es: para cambiar actitudes y comportamientos, primero debemos cambiar nuestros pensamientos.

Y, créeme, sé el gran potencial de esto, porque fue lo que hice para llegar a donde estoy hoy. Te voy a contar la lección que aprendí en mi propio camino: cuestiona las verdades que no son útiles. Mantén solo aquellas que te ayuden a ser quien quieres ser.

No eres víctima de tu
mente, eres su programador.
Elige bien tus códigos.

6
De la reflexión a la acción

Entender por qué suceden las cosas en nuestras vidas es clave para comprender cómo nos afectan y qué podemos hacer para cambiar. Este hecho se llama «tomar conciencia». Nos ayuda a ver cómo los eventos del pasado influyen en nuestro presente y cómo nuestras acciones de hoy pueden moldear nuestro futuro. Se trata de mirar atrás para entender dónde estamos y planear cómo mejorar nuestro mañana.

La conciencia se manifiesta como esa chispa divina dentro de nosotros, que nos diferencia de seres más simples, como por ejemplo el conejo. Mientras que un pequeño conejito continúa viviendo de la misma forma que lo hacían hace miles de años sus antepasados, nosotros hemos construido rascacielos y volado a través de los cielos en aviones.

Pero ¿por qué nosotros hemos evolucionado de tal manera y ellos no? La respuesta es simple: por nuestra capacidad única de tomar conciencia que nos permite reflexionar sobre nuestra situación actual, cuestionar lo establecido y visualizar un futuro lleno de nuevas posibilidades.

Todos nosotros tenemos una habilidad especial, como un superpoder, que nos permite entender el mundo y cómo encajar en él de una manera súper clara y rápida. Aunque, como todos los superpoderes, algunos lo han desarrollado mucho y otros aún lo tienen dormido en su interior o poco desarrollado.

Quienes ya lo han desarrollado mucho son ese tipo de personas que siempre parecen tenerlo todo bajo control y que, además, consiguen sacarle provecho a cualquier situación, beneficiándose a sí mismas y a quienes las rodean. Esta habilidad de estar súper conectadas con todo, de estar presentes de verdad, hace que tengan mucha ventaja tanto en su vida personal como en la profesional. Es ese tipo de gente que te encuentras y de la que piensas: «Vaya, realmente sabe lo que hace». Y es que están tan en sintonía consigo mismos que pueden crear conexiones increíbles con otras personas, formando redes de apoyo mutuo que son oro puro.

Cuanto menos desarrollada tengamos esa conciencia, más se apoderará de nosotros el subconsciente y perderemos el control, más tendremos una imagen débil de nosotros mismos y más nos distanciaremos, por temor o desconfianza, de lo que nos rodea. Es decir, estaremos más incómodos en el mundo.

Aunque, en general, casi todos estamos en un término medio en el que la conciencia y el subconsciente se alternan continuamente. Por ejemplo, imagina a una persona que conoces y que siempre es un amor, que tiene un corazón gigante y siempre está ahí para ayudarte. Pero un día vais en el coche y se ve envuelta en un atasco de tráfico. Alguien sin darse cuenta le corta el paso y se mete en su carril y esa persona, que siempre parece tan tranquila, de repente se molesta muchísimo, entra en cólera e incluso piensa en ir detrás del otro conductor para enfrentarlo, como diciendo: «Ahora me las vas a pagar». ¿Te sorprende que alguien tan amable reaccione así por algo tan pequeño? Pero hasta las personas más pacíficas pueden perder el control por cosas mínimas.

Todos tenemos ese botón que, en ciertas situaciones, puede hacer que reaccionemos de manera inesperada, y esto sucede porque nuestro subconsciente sale a flote y está programado por experiencias pasadas que influyen en nuestras reacciones. Por eso es tan importante la reprogramación del subconsciente.

Me gustaría hacerte algunas preguntas diseñadas para ayudarte a reflexionar y alcanzar una comprensión más profunda de la situación:

1. ¿Crees que la persona que le cortó el camino lo hizo a propósito para molestar?
2. ¿Piensas que esa acción fue un ataque personal contra tu amigo?
3. ¿Has hecho tú algo así en la carretera, quizá sin darte cuenta o porque estabas distraído?
4. ¿Es posible que el otro conductor haya cambiado de carril rápido para evitar algo que había en la carretera?
5. Si lo miras con calma, ¿qué te parece la idea de ir detrás del otro para «ajustar cuentas»?
6. ¿Qué pasaría si el conductor que se le metió en el carril resulta ser alguien peligroso?
7. ¿Y si esa persona es alguien con problemas serios?
8. ¿Qué podría pasar si tu amigo decidiera actuar por venganza?

De la reflexión a la acción

Espero que estas preguntas te ayuden a pensar un poco más sobre cómo reaccionamos y por qué a veces es mejor tomar un respiro antes de actuar. En ese momento tu amigo no estaba usando su superpoder, sino sus instintos, su subconsciente, por eso perdió el control.

La idea de aspirar a tener una conciencia plena es querer desarrollar la capacidad de notar todo lo que pasa a tu alrededor y dentro de ti, pero de forma relajada y sin complicaciones. Puedes darte cuenta de todo mucho más rápido y sin equivocarte, entendiendo las cosas tal y como son. Esto va de personas que son muy buenas para entender no solo lo que ven y escuchan, sino también lo que sienten, de una manera muy clara y útil.

Piensa en tu mente como un barco en el mar de la vida del que tú eres el capitán. Al reprogramar tu subconsciente, ajustas las velas y el timón para mantenerlo en el rumbo correcto hacia tus sueños. Con una mente consciente y un subconsciente alineado podrás afrontar cualquier desafío y crear una vida llena de felicidad y realización.

Tener esta habilidad es como ser detective de tu propia vida: tienes que aprender a ver las pistas que otros podrían no notar, tanto de lo que sucede afuera como de lo que pasa por tu mente y tus emociones. Esto te permitirá reaccionar de la mejor manera posible, ya sea para resolver un problema, disfrutar más de un momento feliz o simplemente entender mejor a las personas de tu alrededor.

Para alcanzar esta conciencia plena, tienes que entrenar tu mente para que se haga más fuerte y flexible. Realmente no es un proceso complicado, sino más bien un entrenamiento de fondo centrado en mantener la atención en el aquí y ahora, y en mirar ese aquí y ahora con una mirada objetiva, sin dejarte llevar por prejuicios o distracciones. Como diría Eckhart Tolle: «La no resistencia interior, el no juzgar y el desapego son los tres aspectos de la verdadera libertad y la vida iluminada».

Al practicar esto con regularidad, como quien hace deporte en un gimnasio, notarás una mejora, te empezarás a sentir más tranquilo, concentrado y feliz, porque aprenderás a vivir el momento presente de la mejor manera posible, apreciando las pequeñas cosas y manejando los retos con más calma y claridad.

La acción comienza antes de que pensemos en ella

Si comienzas a enfocar tu mente hacia donde quieres llegar, tu subconsciente empezará a prestar atención y a buscar formas de alcanzar esa meta. De hecho, esto ayuda a explicar lo que muchas personas llaman intuición, un fenómeno que ocurre cuando la mente consciente percibe un impulso del subconsciente. Bueno, a mí me funcionó y, si lees historias de personas exitosas en cualquier campo, verás que también les funcionó a ellas.

Así que quédate con esta lección: cree firmemente que puedes lograr lo que deseas.

Del mismo modo que tenemos creencias erróneas que en nuestro subconsciente se petrifican y vivimos con ellas como una verdad absoluta, podemos hacer que la idea de lograr lo que deseas se fije igualmente. A eso me refiero cuando digo que usemos el subconsciente a nuestro favor.

De la reflexión a la acción 59

Desde el momento en que aceptas esto como verdad, se mantendrá impreso en tu psique hasta que surja otra idea más fuerte. Y cuanto más tiempo permanezca, más difícil será reemplazarla por una nueva.

Mi objetivo aquí es sacudir tus viejas verdades y sugerir nuevas. Aquellas que te ayuden a superar tu desafío y transformen tu vida. La clave, como ya hemos dicho, es cuestionar las verdades que no te son útiles y mantener solo aquellas que te ayudan a ser quien quieres ser.

Enfócate cada vez más en experiencias positivas para fomentar emociones positivas

¿Alguna vez has tenido que levantarte muy temprano y descansado para un compromiso importante y la noche anterior, cuando miraste el reloj, contaste cuántas horas de sueño tendrías? Probablemente pensaste que necesitabas dormir rápido y, cuanto más querías dormirte, parecía que menos sueño tenías. Sin embargo, los días en los que te acuestas sin preocuparte por dormir rápido o descansar mucho, el sueño llega antes de que te des cuenta.

¿Alguna vez has olvidado el nombre de algo que necesitabas saber en un preciso momento, y has hecho todo lo posible para recordarlo? Quizá intentaste indagar en tu memoria, te llevaste la mano a la cabeza, fruncíste el ceño, pero la palabra no te vino a la mente. Hasta que finalmente te rendiste, te concentraste en otra cosa y, entonces, como por arte de magia, el recuerdo te vino a la mente.

Así es como funciona: cuanto más activas la parte consciente de la mente, menos trabaja el subconsciente. No es posible controlar directamente el subconsciente, así que no sirve de nada forzar.

Quédate con la lección: entiende lo que necesitas cambiar, pero no te obsesiones ni te esfuerces demasiado, el subconsciente no responde de esa manera.

Cierto día, un hombre muy afortunado caminaba por la playa y encontró un hermoso crucero varado en la arena, aparentemente abandonado. Curioso por la situación, subió a bordo y notó que nunca había sido utilizado. De hecho, había un espacio reservado para pintar el nombre del propietario.

Intrigado, aceptó el regalo que el destino había puesto en sus manos. Después de agradecer a los cielos su suerte, lo primero que hizo fue escribir su nombre, para que nadie tuviera dudas de que era el dueño de aquella maravilla. Y pasó los siguientes días explorando cada rincón, admirando cómo cada detalle había sido cuidadosamente pensado. Se sentía la persona más afortunada del mundo. Y lo era.

Sin embargo, después de unos pocos días, empezó a aburrirse. Ya conocía todo el barco, había mirado cada detalle y presionado todos los botones.

Pero ¿de qué sirve ser dueño de un monumento increíble que no cambia en nada tu vida? Si al menos supiera cómo hacer que ese barco navegara, ¡podría conocer el mundo!

¡Eso era! En ese momento pensó que necesitaba saber cómo ponerlo en marcha y dirigirlo hacia los destinos que siempre soñó conocer. Así que buscó a algún especialista en barcos para enseñarle a utilizar esa maravilla.

De la reflexión a la acción   61

Encontró a un anciano, con barba blanca y apariencia sabia, que le dijo:

—Tu barco es realmente espectacular, de hecho, es el modelo más avanzado del mundo. Tiene un sistema tan inteligente que navega incluso por comandos de pensamiento.

—¡Eso es lo que necesito, dime cómo hacerlo navegar hacia los destinos de mis sueños! —replicó el propietario con entusiasmo.

—Es muy sencillo. Solo tienes que imaginar dónde quieres llegar y presionar un botón secreto que está escondido por razones de seguridad. Te cobraré cien mil euros por enseñarte dónde.

Entonces el hombre respondió furioso:

—¿Cómo es posible? ¿Quiere cobrarme cien mil euros por mostrarme un botón? ¡Eso no tiene sentido! ¡Explíqueme por qué cobra tan caro!

El sabio respondió con calma:

—Tienes toda la razón, el precio por señalar el botón es diez euros. El precio por usar mi conocimiento para enseñarte cuál es el botón correcto para presionar es de 99.990 euros.

Creé esta historia a partir de un chiste que encontré y que me pareció muy inteligente. Como ya sabes, tienes una máquina fenomenal con un potencial ilimitado a tu disposición. La cuestión es: ¿cómo has estado navegando con esta máquina? ¿Para crear felicidad, buenas relaciones, salud y éxito? ¿O para crear hábitos negativos, tristeza, depresión, adicción y fracasos? Lo que hayas creado es lo que crees que mereces.

¿Cuánto valor tiene saber cómo cambiar el rumbo de este barco para alcanzar tus sueños, la salud y los resultados que buscas en la vida? Eso es exactamente lo que voy a empezar a enseñarte en este capítulo.

Quiero compartir una estrategia que uso cuando quiero adoptar nuevos hábitos. Después de darme cuenta o decidir que necesito cambiar algo en mí, siempre sigo este plan de acción y quiero que tú también lo pruebes.

Cómo cambiar patrones de comportamiento en cuatro pasos

1.er paso: Encuentra tu verdadera motivación. Detente y piensa: ¿cuál es el nuevo comportamiento que deseas adoptar? ¿Dejar de desanimarte, dejar de comer algo específico que te hace daño, actuar sin pensar? ¿O tal vez empezar a leer más, practicar una actividad física, levantarte más temprano? Cuando lo tengas, reflexiona: ¿es realmente posible? ¿Has investigado casos de personas que han logrado el cambio que deseas? Si alguien lo ha conseguido, ¡tú también puedes hacerlo! En tercer lugar, pregúntate por qué esto es importante para ti. ¿Por qué deseas incluir este nuevo comportamiento en tu rutina? ¿Qué mejoras puede traer a tu vida? ¿Cómo te cambiaría a ti y a las personas a tu alrededor dentro de un año? ¿Y dentro de tres años? Anota todos los motivos, analiza todas las posibilidades, anota lo que consideres relevante. Por último, recapacita: ¿quién más se sentiría orgulloso de tu decisión de cambiar? Piensa y anota todo lo bueno que sucedería ahora y en el futuro solo por haber cambiado esto.

De la reflexión a la acción

Guarda ese papel. No solo es tu compromiso contigo mismo, sino que también contiene los motivos que sustentan tu decisión de cambiar.

2.° paso: Planea el cambio. Decisión tomada, creencias alineadas y motivación al máximo. Ahora detente a pensar de nuevo: ¿estás preparado para realizar esto todos los días, incluso si es difícil cambiar esta programación mental? Comienza anotando los nombres de las personas que podrían obstaculizarte en esta misión. ¿Cómo evitar que te perjudiquen? ¿O que te desmotiven? Después piensa cómo mantendrás el compromiso con esta decisión incluso en los días desafiantes. Imagina que decides dejar el azúcar, cuando te inviten a fiestas nuevamente, ¿cómo actuarás? ¿Avisarás a tus amigos sobre tu dieta? ¿Comerás bien en casa para evitar la tentación de los dulces? Ahora visualiza la siguiente escena: has cumplido tu plan, con todas las metas alcanzadas. Imagina el resultado, todo lo que pensaste en el paso anterior. Mírate en el espejo y siéntete muy especial. Imagínate contándoselo a tus personas más cercanas. Visualiza cómo se sienten orgullosas de ti, felices con tu cambio. Visualízate celebrando, ¡porque lo lograste, felicidades! ¡Siéntete bien por ello! Como ya sabes, la imaginación accede al subconsciente. Esta visualización activará más tu motivación y tu fuerza de voluntad, y puedes repetirla siempre que desees.

3.er paso: Comienza. Ha llegado la hora de empezar. Haz un esfuerzo, no pierdas el enfoque. Mantén un ojo siempre en tu programación mental, piensa en los muchos beneficios que tendrás. El primer objetivo es mantenerte bajo control durante siete días. Registra el proceso, anota cada logro diario.

Siente orgullo por cada logro. Siéntete feliz cada día que marques que has seguido con tu compromiso.

4.º paso: Hora de celebrar. Por más simple que sea la celebración, no dejes que pase inadvertida. Reserva parte de tu día para hacer algo que te encanta pero que no has hecho en mucho tiempo, como ver una buena película, darte un regalo, salir con un amigo que no ves hace meses, darte una hora del día para estar solo, relajarte, agradecer a Dios por el logro… Tú decides cuál es la mejor manera de festejar el resultado alcanzado.

Pero, atención: este momento no debe significar un boicot a tu cambio de rutina. No puedes celebrar la reducción del consumo de azúcar comprando una barra de chocolate de tu marca favorita. Evita esas trampas.

Para continuar con el plan de acción, repite cada semana la visualización del logro y el reconocimiento de las personas queridas, y sigue los pasos que hemos repasado. Esto será el combustible para que sigas adelante y no renuncies al gran plan.

Tú quieres, tú puedes. No lo olvides: tu voluntad parte de la mente consciente y el subconsciente la continúa. Así, la reprogramación ocurre y se vuelve cada vez más natural.

Recuerda que es algo simple de hacer; quizá no resulte fácil, ¡pero es simple! Tú puedes lograrlo.

De la reflexión a la acción

La verdadera
transformación sucede
cuando te alineas con lo
que eres y lo que deseas alcanzar.
No basta con desear el cambio, necesitas
caminar hacia él, aceptando cada reto como
una oportunidad para fortalecerte.
Cada paso que das te acerca a la
vida que realmente deseas.

7

Autoconocimiento

Imagina que la vida es un viaje que tiene un inicio, un recorrido y un final. La mayoría de la gente se enfoca en llegar al final, o sea, en lograr sus metas, pero se olvida de dos cosas súper importantes. La primera es disfrutar del viaje tanto como del destino final. Si no valoramos el camino, nos pasaremos el tiempo esperando ser felices, porque siempre habrá una meta que cumplir. La segunda es ser conscientes de dónde partimos. Si quiero ir a China, tengo que saber dónde estoy para calcular mi ruta. Si estoy en Madrid, será una; si estoy en Buenos Aires, será otra, y si estoy en Nueva York, otra completamente diferente. Si no sé dónde estoy, corro el riesgo de tomar rutas que no me convienen y usar medios de transporte que no son los adecuados.

He compartido estas preguntas con muchas personas a lo largo de mis sesiones de mentoría y en mi programa dedicado al autoconocimiento. Ahora me gustaría hacértelas a ti:

¿Cómo se encuentra tu vida en este momento?

¿Qué sucede con esos sueños y objetivos que tienes?

¿Sientes que estás progresando o te encuentras en un punto muerto?

¿Estás satisfecho o hay algo de desilusión en ti?

Y, mirando más allá, ¿cómo imaginas tu futuro si continúas por este camino?

Es clave conocer bien cómo está tu vida ahora, no de manera superficial, sino en detalle, en cada área. ¿Cómo vamos a saber qué camino tomar si no sabemos dónde estamos parados? ¿Cómo puedo mejorar mi relación de pareja si no sé cómo está realmente? ¿Tengo ahorros, estoy endeudado, cómo organizo mi dinero? ¿Cómo voy a mejorar mis finanzas si no tengo claro cómo están en este momento?

Entender dónde te encuentras en cada aspecto de tu vida es crucial para iniciar cualquier transformación. Este es nuestro punto de partida, el primer paso hacia un cambio significativo. Dedica un momento a reflexionar y escribe con honestidad un par de líneas sobre cada una de estas áreas:

- Familia
- Trabajo
- Salud
- Relaciones
- Finanzas
- Emocional

Tómate un minuto, cierra los ojos y reflexiona con total sinceridad sobre tu situación actual, tus fortalezas y los aspectos que deseas mejorar. Imagina la persona que quieres ser.

Lo que estamos explorando juntos es la oportunidad de ser tu propio líder, de guiarte hacia una versión de ti mismo más completa y realizada. Muchas veces pensamos que somos de una manera y que no podemos cambiar, como si estuviéramos destinados a permanecer iguales siempre. Pero ¿y si no fuera cierto? ¿Y si pudiéramos cambiar esa percepción? Tú ya, llegados a este punto, sabes que sí.

Aunque nuestra esencia es única y constante, las experiencias que vivimos, la educación que nos imparten y el amor que damos y recibimos tienen un papel enorme en cómo nos desarrollamos. Estos factores pueden enmascarar lo que somos en esencia y desviarnos de alcanzar nuestro máximo potencial y de vivir nuestros sueños. Por eso no es ninguna tontería preguntarnos quiénes somos realmente para, a partir de esa esencia, poder cambiar cualquier añadido que se interponga en nuestro camino.

Creer en la capacidad de cambiar es reconocer que tenemos la libertad de elegir, de utilizar ese regalo maravilloso que es el libre albedrío con intención y propósito. Confía en que es posible escoger una vida llena de amor, éxito y plenitud.

Con esta idea, te propongo que respondas a estas preguntas con dedicación, sinceridad y apertura.

1. **Sobre tu identidad:** Dedica un momento a reflexionar sobre tus sueños, esos grandes planes que tienes, lo que de verdad te asusta y esas pequeñas preocupaciones que te quitan el sueño por las noches. Piensa en lo que te apasiona, en lo que te hace único y en esas cualidades que te definen en esencia, más allá de lo aprendido.

Autoconocimiento   69

2. **Sobre tus acciones:** ¿Qué has estado haciendo con tu vida? Piensa en tu trabajo, en qué ocupas tus días, qué aprendizajes nuevos has buscado, cómo te cuidas físicamente y de qué manera contribuyes a tu bienestar, al de tu familia y al del mundo. ¿Estás contento con la forma en que vives cada día?

3. **Sobre tus posesiones:** En términos materiales, ¿qué tienes? Describe tu hogar, tu medio de transporte, tu estilo al vestir, si has logrado ahorrar algo de dinero y cuáles son esos objetos que tienen un valor especial para ti. Considera si tus posesiones reflejan quién eres y si contribuyen a tu felicidad y bienestar.

Si al pensar en estas cosas ves que estás feliz con tu vida, con quién eres, con lo que haces y lo que tienes, puede que no quieras cambiar nada, puede que no haga falta. Tal vez este mensaje le sirva a otra persona que sí necesite cambiarla. Pero si sientes que algo falta, que quieres más de tu vida o que tan solo necesitas un cambio, te animo a que lo consideres seriamente. No tengas miedo de probar cosas nuevas que podrían hacerte más feliz, de tomar decisiones que te acerquen a tus sueños ni de vivir de tal manera que cada noche puedas decir: «Hoy fue un buen día». Recuerda, el cambio empieza sabiendo dónde estás ahora y teniendo una idea clara de dónde quieres estar. Tu vida es tuya para vivirla plenamente y cada día es una oportunidad para crear la felicidad que deseas.

Eres el líder de tu vida, no la marioneta de otra vida

Ahora quiero que te hagas una pregunta muy breve: ¿sabrías decirme cuáles son tus valores? ¿Acaso lo sabes?

Sé que puede sonar un poco incómodo, pero si no sabes cuáles son tus valores, es muy difícil avanzar en la vida. Así que olvídate de escribir tus metas de año nuevo, olvídate de hacer planes, de hacer el mapa de tus sueños o visualizaciones sin antes aprender lo que te voy a enseñar hoy aquí, porque no tiene sentido planificar un nuevo año o una nueva etapa vital sin antes saber si esos deseos, si esos planes, si esos objetivos están alineados con tus valores innegociables.

Con este único ejercicio, por simple que parezca, las personas se vuelven más seguras, más fuertes, con más control, resilientes, se sienten bien consigo mismas, tienen más claridad sobre qué camino seguir. Por tanto, si estás en ese punto del camino hacia el cambio en el que te sientes perdido, cansado, sin energía, pregúntate: ¿estás viviendo la vida de la manera correcta, según tus principios? ¿Esa meta que intentas conseguir realmente es acorde con tus valores?

Si las dudas se han apoderado de tu mente, de tu vida, te sientes paralizado, te sientes inseguro y ha llegado un punto en el que has tenido tantos altibajos que ya ni siquiera sabes lo que quieres, déjame decirte una cosa muy importante: solo podrás liberarte de esa inercia, dejar de sentirte paralizado y desanimado cuando tengas claridad y definas tus valores.

La confianza es necesaria para tomar decisiones más firmes, más congruentes con tus principios. Estos principios

Autoconocimiento   71

te servirán como guía, como una brújula en tu vida. No hay nada más poderoso que ser consciente de lo que es verdaderamente tuyo, de tener tus propios valores.

Deja de esperar recibir respuestas milagrosas o de depender de lo que digan otros para tomar decisiones. Reconoce tu poder como adulto, un adulto capaz de elegir su propio camino. Tienes la posibilidad de definir tus propios valores y tus propias creencias. Para ello solo necesitas tener claridad sobre lo que realmente te hace feliz y lo que te da paz. No seas esa persona pasiva que espera que las cosas sucedan sin más.

Sé que tal vez te criaron en un ambiente donde te educaron para seguir las reglas, para hacer lo que otros te decían, pero ahora necesitas verte a ti mismo como un adulto. Ya no eres un niño dependiente, un niño indefenso, tienes el poder de elegir, tienes el poder de tener tus propios valores.

Todos hemos afrontado decisiones complicadas en la vida. ¿Debería cambiar de carrera? ¿Será momento de dejar mi trabajo ahora? ¿Debo seguir adelante con esta relación o dejarla ir? Son decisiones que pesan mucho en el corazón. Pero también están, y no hay que infravalorarlas, esas decisiones cotidianas. ¿Qué voy a hacer hoy? ¿Qué voy a comer hoy? ¿A qué le voy a decir que sí? ¿A qué le voy a decir que no? ¿A qué personas voy a cultivar? La vida está hecha de decisiones, todo el tiempo, y si permites que otras personas o las circunstancias decidan por ti, te convertirás en un títere que vaga sin rumbo. Te encontrarás perdido en medio del caos.

Así que seamos claros: el valor es lo que te dirige, lo que valoras es lo que te hace ser esa persona que estás imaginando y no otra, infeliz e incompleta. Corta ese ciclo de una vez, deja de esperar externamente lo que solo está dentro de ti, ten confianza y claridad de los valores que guían tu vida, tus elecciones, tus decisiones.

Rescata tus valores: el camino para liberarte del ruido externo

Vivimos en una época de mucha información y casi todo el mundo tiene mucho contacto con las redes sociales, lo que significa que siempre miramos hacia lo externo, estamos todo el tiempo comparando nuestra vida con la de los demás, apuntando el deseo del otro, apuntando lo que nos muestra el mercado, lo que nos muestra la publicidad.

Cuanto más nos acostumbramos y nos bombardean con cosas externas, más miramos hacia fuera y más nos desconectamos de aquí adentro, lo que es sumamente peligroso, porque dejamos de distinguir lo que es nuestro de lo que es del otro.

Te ves inundado por una avalancha de información externa, absorbes tanto que acabas contaminado por lo que crees que es tuyo, adoptando ideas que te han impuesto como propias.

Pero, entonces ¿cómo podemos ir a la búsqueda de nuestro propio sistema de valores y dejar de sentirnos como un títere, una marioneta que va sin rumbo en manos de los demás, en manos del mercado? Ya es hora de dejar atrás esa sensación de perdición y tomar las riendas de tu verdadero camino.

Toma nota y ten muy presentes tus valores y tus virtudes.

Los valores son tus principios, patrones de comportamiento que guían tu vida, a los que no renunciarías porque te hacen sentir bien, te hacen sentir vivo, mientras que las virtudes son las cualidades, las características personales que te permiten poner en práctica esos valores. Ambos son fundamentales para cultivar la paz interior. Eso sí, recordando que, aunque los valores son férreos, pueden evolucionar con la cultura, la sociedad, las etapas de la vida y el contexto en el que nos encontramos.

Para descubrir tus valores personales debes llevar a cabo un proceso introspectivo profundo, una exploración de quién eres realmente y cómo tú mismo deseas vivir tu vida. Para comenzar este proceso y definir tus valores personales, el primer y más crucial paso consiste en la reflexión y la autoevaluación.

Te voy a presentar algunas preguntas clave que vas a responder tú mismo en un papel:

1. ¿Cuáles fueron los momentos más memorables y significativos en tu vida?
2. ¿Qué cualidades o qué emociones sentiste en esos momentos?
3. ¿A qué personas admiras? Identifica a tres personas, ya sean figuras públicas, familiares o amigos que admires y escribe por qué: Por ejemplo, «admiro a mi madre por su disciplina, por su creatividad, la admiro por su belleza». Piensa en las cualidades que más valoras en esas personas.
4. ¿Cuáles son tus películas y series favoritas? ¿Qué es lo que más te gusta ver? Esta es una pregunta que puede parecer una tontería, pero detectarás una fa-

miliaridad, una similitud entre todas ellas. Quizá seas una persona a la que le gustan la comedia, los romances, las películas sobre la familia o dibujos animados. Comenzarás a darte cuenta de que hay cosas similares en todas ellas que son parte de tus valores personales. Anótalos y escribe por qué. Por ejemplo: «Porque hablan de familia» o «porque me gusta el suspense» o «porque me gusta el vestuario», «porque me gustan las canciones»... Escribe y describe por qué tienes esas preferencias.

Quiero que te familiarices contigo mismo en este momento, que pienses en ti mismo, en tus preferencias, que sientas autoconfianza. Sentir crea ese hábito de expresar, de confesar todo lo que te atormenta; te pone en el lugar de la vulnerabilidad. Aunque puede resultar desafiante al principio, especialmente si nunca lo has hecho, no te juzgues, como te digo, permítete fluir como decía Bruce Lee: «Sé como el agua, fluye». Deja que estas preguntas te guíen, expresa tus sentimientos, tómate tu tiempo para responder. Puede que tal vez las encuentres fáciles y seas capaz de expresarte en veinte minutos o quizá necesites más días para procesarlo todo, pero no te preocupes, lo importante es hacerlo comprometiéndote a conocerte a ti mismo a través de la escritura. No se trata de pensar racionalmente en palabras o valores, sino de sumergirte en tu alma, de conocerte y expresar quién eres para sentirte más conectado, más seguro.

Al hacerlo verás cómo las palabras de la lista se relacionan con tus propias experiencias y con tus propios sentimientos y observarás cuáles son las que se repiten más, qué cualida-

Autoconocimiento   75

des puedes agrupar. Esta exploración te brindará mucha más claridad y conocimiento sobre tus propios valores. Una vez hecho, es el momento de priorizar, de filtrar, de seleccionar, quedarte con aquellas palabras más importantes para ti. Empieza agrupando las palabras similares, las que evocan un mismo sentimiento o tienen un significado relacionado y luego elimina todas aquellas de las que sientes que podrías vivir sin ellas en paz.

Este proceso de depuración es crucial y te va a ayudar a concentrarte en lo que de verdad es esencial para ti, para establecer tus prioridades en tu vida. Quédate con cinco palabras como máximo, cinco valores que sean los más significativos en tu vida. Junto a cada uno escribe por qué son importantes, qué significado tienen para ti, explora cómo estás manifestando esos valores en tu vida y por qué los has escogido. Cuando mires tus valores, podrás evaluar si están alineados con la forma en que estás viviendo tu vida en este momento.

Es posible que te des cuenta de que hay ciertos valores que no son congruentes con las acciones que estás tomando, valores que consideras importantes, pero que no estás priorizando en tu vida. Por ejemplo, puedes valorar la salud, pero si no dedicas tiempo al ejercicio físico, a cuidar tu bienestar emocional, puedes sentir un desajuste entre lo que valoras y cómo vives realmente. Entonces, este proceso te ayudará a identificar áreas en las que necesitas ajustar tus prioridades para así vivir de una manera más congruente con tus valores fundamentales y, por ende, sentirte más realizado y feliz.

Estas áreas pueden ser la espiritualidad, el trabajo, el dinero, la salud, tus relaciones... Comprende la importancia de tener tus valores claros y aplicarlos en tu vida, en tus acciones, en tus hábitos, en tu rutina diaria.

Por otro lado, es posible que te sorprendas al darte cuenta de que muchas de las cosas que valoras son naturalmente parte de tu día a día, ya las priorizas en tu rutina. Y, por el contrario, también es posible que descubras que estabas persiguiendo algo que en realidad no te importaba tanto.

Analizando tus modelos de creencias en doce áreas de equilibrio

Aquí tienes una lista con doce áreas de equilibrio. Te pido que, en un ordenador o en tu diario, anotes los modelos de realidad que tienes en cada una de estas categorías. He enumerado algunas de las más comunes para que puedas empezar.

1. **Tu relación amorosa.** ¿Cómo defines el amor? ¿Qué esperas dar y recibir en una relación amorosa? ¿Crees que el amor trae sufrimiento? ¿Crees que el amor puede durar? ¿Crees que tienes una gran capacidad para amar? ¿Crees que mereces ser amado y valorado?

2. **Tus amistades.** ¿Cómo defines la amistad? ¿Crees que las amistades pueden durar? ¿Crees que tus amigos te quitan más de lo que te dan? ¿Crees que hacer amigos es fácil o difícil?

3. **Tus aventuras.** ¿Qué son las aventuras para ti? ¿Son viajes? ¿Actividad física? ¿Arte y cultura? ¿Paisajes y so-

Autoconocimiento   77

nidos urbanos o rurales? ¿Ver cómo viven las personas en lugares muy diferentes al tuyo? ¿Haces espacio y tiempo para la aventura en tu vida? ¿Crees que necesitas ahorrar para la jubilación antes de hacer un viaje largo? ¿Te sentirías culpable si dejaras el trabajo o la familia para tomarte unas vacaciones solo? ¿Piensas que gastar dinero en experiencias como el paracaidismo, un masaje, una cena en un restaurante caro, una escapada de fin de semana, un viaje a un país exótico, una caminata por la montaña, una clase de cocina internacional, o asistir a un concierto de tu banda favorita es una frivolidad?

4. **Tu entorno.** ¿Dónde te sientes más feliz? ¿Estás contento con el lugar y la manera en que vives? ¿Cómo defines «hogar»? ¿Qué aspectos de tu entorno son más importantes para ti (colores, sonidos, tipo de muebles, proximidad a la naturaleza o aspectos culturales, cuidado, nivel de comodidad/artículos de lujo, etcétera)? ¿Crees que mereces una casa lujosa, hospedarte en hoteles de cinco estrellas cuando viajas y trabajar en un buen ambiente?

5. **Tu salud y bienestar.** ¿Cómo entiendes la salud física? ¿Qué es para ti una alimentación saludable? ¿Crees que tienes predisposición genética a la obesidad u otros problemas de salud? ¿Piensas que vivirás tanto o más que tus padres? ¿Crees que estás envejeciendo bien o mal?

6. **Tu vida intelectual.** ¿Cuánto estás aprendiendo? ¿Cómo estás creciendo? ¿Cuánto control tienes sobre

tu mente y tus pensamientos diarios? ¿Crees que tienes la inteligencia necesaria para alcanzar tus metas?

7. **Tus habilidades.** ¿En qué áreas te consideras hábil? ¿Y en cuáles no tanto? ¿De dónde provienen estas percepciones? ¿Qué te impide aprender cosas nuevas? ¿Hay habilidades que estás dispuesto a dejar de lado? ¿Qué te detiene de hacer el cambio? ¿Qué habilidades especiales y rasgos de carácter consideras valiosos? ¿En qué te sientes muy poco hábil?

8. **Tu vida espiritual.** ¿En qué valores espirituales crees? ¿Cómo los practicas y con qué frecuencia? Para ti, ¿la espiritualidad es una experiencia social o individual? ¿Estás atrapado en tradiciones culturales y religiosas que no te atraen, pero que temes abandonar por miedo a herir a otros?

9. **Tu carrera.** ¿Cómo defines el trabajo? ¿Cómo entiendes tu carrera? ¿Cuánto disfrutas de tu carrera? ¿Sientes que eres valorado y notado en tu carrera? ¿Sientes que tienes lo necesario para tener éxito?

10. **Tu vida creativa.** ¿Te consideras una persona creativa? ¿Admiras a alguien por su creatividad? ¿Qué es lo que admiras de esa persona? ¿En qué actividades creativas participas? ¿Crees que tienes talento para algún proyecto creativo específico?

11. **Tu vida familiar.** ¿Cuál es tu rol principal como pareja? ¿Y como hijo? ¿Estás satisfecho con tu vida familiar?

¿Cuáles eran tus valores sobre la formación de una familia? ¿Piensas que una familia es una carga o un beneficio para tu felicidad?

12. **Tu vida comunitaria.** ¿Compartes los valores de tu comunidad? ¿Cuál consideras que es el principal objetivo de una comunidad? ¿Crees que puedes contribuir? ¿Tienes el deseo de hacerlo?

Este ejercicio te ayudará a confirmar si estás en el camino correcto, si necesitas ajustar ciertas áreas. Con calma, ve realizando los ajustes poco a poco. Es fundamental también tener esta conciencia de quién eres y qué es realmente importante para ti. Una vez que hayas identificado tus valores y qué es lo realmente importante para ti, podrás planificar tus objetivos, tu mapa de los sueños, tus planes, metas más alineadas con lo que en realidad eres, con lo que de verdad valoras. Y esto te permitirá, a fin de cuentas, llevar una vida más plena, más significativa.

No seas un títere influenciado por opiniones externas, tendencias o las redes sociales. Toma el control de tu vida y sé consciente de tus elecciones. Hazte preguntas a diario: ¿qué te hace sentir vivo? ¿Qué te hace levantarte por las mañanas con alegría? ¿Cuáles son tus inspiraciones y tus aspiraciones y pasiones en la vida? Es crucial que reflexiones sobre estas cuestiones diariamente, que te enfoques en lo que realmente importa y digas que no a lo que no te importa. A menudo no dedicamos suficiente atención a este tipo de áreas, y es crucial hacerlo.

Tu personalidad crea tu realidad personal

Desglosando la palabra «personalidad», obtenemos «persona», que indica el individuo, e «idad», que indica cualidad, naturaleza, atributo, condición. Es decir, la personalidad es la cualidad o naturaleza del individuo, de un ser. Si tu personalidad, tu naturaleza, está formada por tus pensamientos y acciones y todo empieza en tu poderoso cerebro, cuando te consideras débil o incapaz, y piensas y te expresas de esa manera, generas sentimientos de incapacidad, te sientes mal, lo cual te lleva a actuar de forma que refuerza esos pensamientos iniciales. Caes en un ciclo de pensar-sentir-actuar, debilitando tu naturaleza.

Trataré de explicarme con más precisión: todo en esta vida es energía, incluido tu cuerpo, tu móvil, tu ordenador. Hay energía en todo lo que sientes, tocas o hueles. Y como todo es energía, todo emite una vibración, una frecuencia energética. En este poderoso universo en el que vivimos, todo funciona a través de intercambios: lo que emites, lo recibes. Si piensas y sientes negativamente, estás emitiendo una vibración negativa que el universo te devuelve. Por eso tu mundo interno afecta tu mundo externo. No hay nada místico en esto, es pura física, es ciencia, son hechos.

La reacción proviene desde adentro hacia afuera y, según la física cuántica, nada está realmente separado. Existe un campo energético, ese campo cuántico que lo une todo y a todos. Todos estamos conectados de alguna manera.

No creo que este libro haya llegado a ti por casualidad. Solo recibimos lo que estamos listos para recibir, no recibes nada para lo que no estés preparado. Precisamente por eso, cuando le hago daño a alguien, en realidad me estoy haciendo daño a mí mismo. Todo es un intercambio de dar y recibir, así es como funciona.

Por ejemplo, si tengo la creencia de que nadie es de confianza, que no puedo confiar en nadie, que la gente es traicionera, empezaré a conocer personas que no son confiables. Y romperán mi confianza aún más, por lo que reforzaré la creencia de que, en efecto, nadie es de confianza. «Sabía que esta persona me haría daño, sabía que me decepcionaría», y el ciclo se repite. Tengo un pensamiento, sucede algo que me provoca una reacción y refuerza el mismo pensamiento una y otra vez. Por eso el bucle necesita romperse. Si realmente quieres un cambio, necesitas romper con tus propios bucles.

¿Qué puedo hacer para hacerlo, para cambiar la forma en que pienso, siento y actúo? La clave es el autoconocimiento.

¿Cómo vas a hacer cambios si no conoces algo, si no conoces aquello que quieres cambiar? Por ejemplo, si tu coche se avería, ¿lo llevarás al mecánico o intentarás arreglarlo por tu cuenta? Probablemente lo lleves al mecánico, porque no sabes cómo funciona, porque no tienes conocimiento.

Entonces, si quieres cambiar algo, primero necesitas conocerlo. Conócete a ti mismo. Cuando digo conocer, no me refiero a cosas superficiales como tu color favorito o tu banda preferida; eso no es conocerte. Conocerte a ti mismo es un proceso mucho más profundo. Es comenzar a cuestionar por qué piensas de la forma en que piensas, por qué sientes de la forma en que sientes, por qué crees lo que crees. Eso es autoconocimiento. Es ir a la raíz del asunto.

Es increíble cuánta gente tiene traumas y no sabe que los tiene. No son solo los traumas los que te afectan, sino cómo fuiste construyendo tu visión del mundo, cómo fuiste aceptando las cosas, cómo fuiste viviendo y aprendiendo de ellas, lo que forma tus creencias, cómo piensas, cómo sientes, cómo actúas. Gran parte de eso es el bagaje del pasado, pero estoy aquí para decirte algo: no eres tu pasado, no eres tus traumas, no eres tus emociones, tus sentimientos. Eres mucho más grande de lo que puedas imaginar. Realmente necesitarás estar dispuesto a enfrentar este viaje con la persona más importante de tu vida: tú mismo. Y es que siempre puedes cambiar, siempre puedes hacerlo de manera diferente. Tu pasado no debe definir tu futuro ni tu presente. Puedes tomar una nueva decisión ahora mismo. Tú moldeas tu futuro y la única manera de hacerlo es estando dispuesto a romper con lo que te retiene, con lo que te limita.

Las herramientas que más me han ayudado en ese proceso y que estoy segura de que también pueden ayudarte a ti son la terapia, la meditación, la escritura, la lectura y la gratitud.

La terapia te permite usar la comunicación para sanar, hablar sobre lo que sientes y, con la guía de un terapeuta, encontrar y resignificar la raíz de tus problemas. La meditación, a diferencia de lo que muchos piensan, no consiste en no pensar en nada, sino en observar tus pensamientos desde una perspectiva externa, dándote cuenta de que no eres tus pensamientos, sino quien los observa. La escritura actúa como otra forma de terapia, ya que te permite desahogarte y ver tus pensamientos desde otra perspectiva. Yo, por ejemplo, tengo un diario desde hace tres años y ver cómo he cambiado desde entonces es increíblemente gratificante. La lectura te introduce a nuevos conocimientos y perspectivas, abriendo caminos y posibilidades para el cambio. Me ayudó a descubrir el poder del autoconocimiento y cómo este puede liberarte. Por último, practicar la gratitud a diario puede abrir muchas puertas en tu vida. Donde pones tu enfoque, pones tu energía, y lo que enfocas crece. Así que, si siempre estás enfocado en problemas, eso es lo que crecerá en tu vida. En cambio, enfocarte en lo que agradeces, por mínimo que sea, puede atraer aún más bendiciones a tu vida.

Como dice el libro *El niño, el zorro, el topo y el caballo*: «¿Ves el vaso medio lleno o medio vacío? Y dijo el niño: creo que doy gracias por tener un vaso».

Si estás pasando por un momento difícil, intenta al menos enfocarte en lo que puedes agradecer hoy. La gratitud actúa como un imán para atraer todo lo que deseas a tu vida.

Comienza a apreciar lo pequeño y la vida se encargará de darte lo grande

Sé selectivo con lo que dices, con lo que consumes y con quién te juntas, porque te conviertes exactamente en esas tres cosas. Piensa en esto: ¿dejas que cualquier persona entre en tu casa? Por supuesto que no, porque tu casa es tu santuario. Entonces ¿por qué tendría que ser diferente con tu vida?

La mayoría de las personas carecen por completo de consciencia sobre lo que las rodea. No prestan atención a lo que dicen, lo que escuchan, lo que consumen y, mucho menos, a quienes consideran amigos. Imagina tener la opción de elegir qué calidad de vida tener y optar por la peor. Yo llegué a un punto en mi vida en que me di cuenta de que si lo que estaba a mi alrededor no me sumaba, no merecería mi tiempo ni energía. Si lo que escucho no me aporta, si lo que consumo no me beneficia, si las personas que me rodean no contribuyen a mi crecimiento personal, ¿por qué debería gastar mi tiempo y energía en ello?

Muchas personas no están preparadas para crear conscientemente su realidad porque es mucho más fácil seguir el flujo, aceptar lo que viene, seguir lo que todos hacen sin cuestionarlo. Pero si de verdad quieres un cambio, este debe comenzar por las pequeñas cosas: cómo te hablas a ti mismo, cómo tratas a los demás, qué eliges consumir, a quién eliges darle tu energía, a quién eliges tener a tu lado. Así comienzan los grandes cambios.

Todo en esta vida es energía. Todo lo que puedes ver, sentir, tocar, oler es energía. Y entender esto es clave para el cambio. Si todo es energía, eso significa que todo está en movimiento, vibrando, en una frecuencia. La física cuántica nos enseña que estamos conectados a través de un campo energético. Este entendimiento puede cambiar radicalmente cómo ves la vida y cómo interactúas con el mundo.

Yo ideal *vs.* yo real

A menudo creamos expectativas sobre lo que deberíamos estar experimentando, la persona que deberíamos ser en este momento de nuestras vidas. Esto provoca mucha frustración. Nos exigimos tanto como si ya estuviéramos en ese lugar que imaginamos. Déjame explicarte un concepto que te ayudará a entender mejor esto de lo que estoy hablando.

Todos nosotros tenemos una idea de lo que deberíamos ser, un «yo ideal». Creemos que deberíamos ser lo que querríamos tener o estar haciendo. Construimos este yo ideal a lo largo de nuestra vida, en gran parte influenciados por las expectativas de otras personas, en especial las de nuestros padres, a medida que crecemos. Así que vamos construyendo una idea, por ejemplo: a los veinticinco años debería estar viviendo esto; a los dieciocho debo ser completamente independiente, me debo mudar de la casa de mis padres, hacer un intercambio, viajar por el mundo, quién sabe; con treinta, quizá deba estar casado, tener hijos, una familia, estar del todo asentado en mi profesión, y a los cuarenta ser millonario con la vida resuelta y listo para jubilarme. ¡Quién sabe cuáles son las expectativas de cada uno! Yo solo pongo un ejemplo.

Pero, claro, seguimos viviendo nuestra vida y las cosas no siempre suceden como las planeamos, por lo que esto genera frustración, ¿no es así? Pensamos que deberíamos estar cuidando mejor, por ejemplo, de nuestra salud, pero por alguna razón no lo estamos haciendo. Pensamos que deberíamos estar desarrollando más nuestra vida espiritual, pero la hemos dejado de lado. Miramos lo que sucede en las distintas áreas de nuestra vida y nos sentimos frustrados porque a nuestro yo ideal no le está sucediendo lo que soñábamos para él.

El «yo ideal» son nuestras expectativas, lo que pensamos que deberíamos ser, tener y hacer en este momento. Pero, por otro lado, existe un «yo real», quien somos de hecho, lo que realmente somos capaces de ser, hacer y tener en este preciso momento. Nuestras acciones y decisiones en estos últimos años nos han llevado a este yo en el que estamos hoy.

Ahora piensa en dos círculos, dos globos que vuelan en el aire. En uno pone «mi yo ideal» y en el otro «mi yo real», que es quien eres. Cuanto más distantes estén estos dos, cuanto más alejado esté tu yo real de tu yo ideal, más frustrado te sentirás en tu vida.

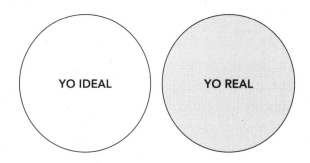

Cuanto más distantes estén tus dos círculos, más fragmentada estará tu autoestima. Te sentirás mal contigo mismo, porque lo que crees que deberías ser está alejado de lo que realmente eres, donde crees que deberías estar se halla alejado de donde te encuentras. Entonces no podrás amarte y admirarte a ti mismo, porque esa expectativa está lejos de la realidad.

¿Sabes eso que se dice de expectativa *versus* realidad? A menudo, eso es lo que sucede. Entonces, cuanto más congruentes sean mi yo ideal y mi yo real, mayor será mi satisfacción, mejor será mi autoestima y mejor será mi relación con mi vida hoy.

Autoconocimiento

El problema es que algunas personas, algunos de nosotros, nunca nos hemos detenido a pensar en cuál es nuestro yo ideal, ¿verdad? Desde nuestra infancia, nos hemos estado construyendo a través de nuestros padres, madres, referencias e influencias que tuvimos durante esa etapa de nuestra vida. ¿Quién es ese yo ideal? ¿Quién creíamos que debíamos ser y quién queremos ser de verdad?

Es cierto. Todos tenemos un montón de «deberías» que necesitamos analizar para ver si realmente tienen sentido en este momento. Todos esos como «debería ser más relajada», «debería no preocuparme tanto por esto», «debería ser capaz de salir de casa sin preocupaciones», me separan de mi yo ideal. Entonces ¿qué hago al respecto?

Te pregunto a ti: ¿te encuentras exactamente donde pensabas que estarías hace algunos años? ¿Estás contento con todas las áreas de tu vida o sientes esa distancia entre tu yo ideal y la realidad? ¿Hay cosas en tu vida que creías que deberían ser de cierta manera, pero no lo son?

Sé que hay personas que creen que deberían estar casadas, haber encontrado a alguien o tener una familia, y tal vez no ha sucedido por una serie de razones. También hay expectativas relacionadas con la carrera, donde algunas personas creían que ya deberían haber alcanzado el éxito que idealizaron en ese momento. Entonces, si tienes estos «deberías» y no se están cumpliendo, debes preguntarte lo siguiente: ¿realmente debería ser así? ¿Es posible que esas expectativas que creaste fueron cosas que otras personas te dijeron o que viste en ellas y adoptaste como tuyas?

Tenemos que entender que cada persona tiene su propio camino, cada persona tiene una historia de vida. No puedo

88   Sé tu líder

compararme con otros y comparar mi vida con otra que ha pasado por cosas totalmente diferentes.

Por tanto, cuando me doy cuenta de que mi yo ideal está lejos de mi yo real, tengo dos opciones, y aquí es donde debes prestar atención:

La opción número 1 es comenzar a mover mi yo real para que se acerque a mi yo ideal, acercar esos dos círculos o globos que mencioné. Debo preguntarme: ¿qué necesito hacer de manera diferente para convertirme en la persona que quiero ser? Y esto no implica autoexigencia ni decir «Dios mío, soy una persona horrible, ¿cómo puedo estar tan preocupada por estas cosas?». No. Se trata de motivarme a mí misma para acercarme a ese yo ideal que imaginé que sería.

Debo preguntarme: ¿qué puedo hacer de manera diferente hoy para acercarme a ese yo ideal que imaginé? ¿Cómo puedo crear un plan de acción para acercarme poco a poco a esa persona que quiero ser? Y en este camino, en este proceso, comenzarás a sentirte mejor contigo mismo, porque estarás cumpliendo tus expectativas dentro de lo que está bajo tu control.

La opción número 2 es renunciar a algunas expectativas y «deberías». Es mirar tu vida y darte cuenta de que has creado expectativas basadas en los valores de otras personas, en otras cosas, y esto solo te está atrapando y haciéndote daño. Necesitas rediseñar tu yo ideal. Rediseñar quién te gustaría ser y tener paciencia en este proceso de convertirte en ello.

Y no se trata de elegir una de las dos opciones, normalmente tendremos que trabajar en ambas direcciones para que nuestros globos se acerquen. Ese es el camino.

Esto me lo digo a mí misma siempre y me trae mucha paz y tranquilidad. Porque estoy confiando en mi persona y en mi proceso. Me gusta exigirme, y a veces caigo en el error de querer ser esa persona instantáneamente; sin embargo, no puede ser así, tú y yo lo sabemos, ¿verdad? No necesitas convertirte en tu yo ideal de la noche a la mañana.

Si has llegado a un punto en tu vida en el que esperabas que fuera diferente y eso te está causando frustración, respira profundo, ten paciencia y reconsidera los pasos que necesitas dar para construir lo que deseas en el futuro. Puedes llevar este proceso de convertirte en quien quieres ser de una manera más ligera. No necesitas ser tan duro contigo mismo. Puedes renunciar a cosas. Quizá tenías una idea de que necesitabas disponer de mucho dinero y alcanzar la independencia económica a una cierta edad, pero al reconsiderarlo no esté tan relacionado con tus valores personales. Quizá en realidad lo que querías era tener una familia, o hijos y no necesariamente era la carrera lo importante. O tal vez, al contrario, idealizaste que a los treinta años deberías estar casado porque alguien te lo dijo o porque la mayoría de las personas en tu círculo social ya están casadas, pero esto no es algo que sea parte de tu esencia, sino un rol aprendido.

Ten paciencia en el proceso de convertirte en quien quieres ser. Puedes detenerte y pensar: «¿Por qué quiero ser de cierta forma o tener o hacer tal cosa?». Quizá no lo deseo, tal vez quiera ser de otra manera y está bien.

Así que reconsidera tu ideal y verifica si realmente es lo que deseas. Entonces ve a por ello; pero, ojo, no uses la autocrítica para convertirla en autoexigencia, porque la autoexigencia no nos lleva a convertirnos en la persona que queremos ser, o, si lo hace, nos lleva por un camino muy difícil, un camino lleno de espinas, doloroso. Vale mucho más la pena acogerte a ti mismo, aceptarte, motivarte, trazar los pasos para llegar a tu destino, pero teniendo compasión contigo en ese proceso.

Tienes potencial y puedes alcanzar esos lugares que idealizaste, siempre y cuando se alineen con tus valores y desafíes a la resistencia. Despacio. El proceso lleva tiempo. No te rindas contigo mismo, continúa invirtiendo en tu desarrollo.

Imagen personal

En todo momento estamos mostrando pensamientos, sentimientos e ideas y transmitiendo emociones sin decir ni una sola palabra. Las primeras impresiones se forman rápidamente, en los primeros minutos de conocer a alguien. Cuando nos encontramos con alguien, observamos su ropa, los movimientos de su cuerpo, el tono de su voz y sus expresiones faciales, tanto de forma consciente como inconsciente. Así, determinamos quién es esa persona para nosotros.

Nuestro cuerpo siempre está diciendo algo, por lo que es importante preguntarnos si estamos transmitiendo la imagen que realmente queremos mostrar. La imagen que proyectamos se construye sobre tres pilares fundamentales: comunicación, comportamiento y apariencia.

En los primeros minutos de una relación, el mensaje transmitido por la vestimenta y el autocuidado —es decir, la apariencia, la higiene personal, la forma de hablar, los gestos y las expresiones faciales— puede ser positivo o ne-

Autoconocimiento 91

gativo. Por ello es fundamental tener claro el mensaje que se desea transmitir y esforzarse para mostrar confianza, ligereza, respeto, éxito y limpieza.

Pensar en la imagen que queremos proyectar es esencial para alcanzar nuestras metas. Nunca debemos anularnos y elegir un estilo solo para agradar a otros. Construyamos nuestra imagen personal basándonos en nuestro propio perfil, bienestar y valores:

- ¿Qué imagen quiero proyectar en este momento?
- ¿Quién quiero ser?
- El cabello, la ropa y los colores que elijo ¿reflejan la imagen que quiero transmitir en este momento?
- ¿Cuál es mi tipo de cuerpo? ¿Con qué estilos de ropa me siento más cómodo?
- ¿Dónde puedo encontrar información para conocer mi tipo de cuerpo y hacer las mejores elecciones de vestimenta respetando mi gusto personal?
- ¿Cuáles son los colores que combinan con mi tono de piel?
- ¿Cómo puedo crear mis looks para esta etapa de mi vida?
- ¿Cómo puedo vestirme bien sin gastar mucho, aprovechando casi todo lo que ya tengo?

Es muy importante pararse un momento a reflexionar sobre estas preguntas, porque la imagen marca una gran diferencia en cómo nos sentimos y proyectamos lo mejor de nosotros mismos hacia fuera. Por eso debemos asegurarnos de transmitir el mensaje que realmente queremos compartir con el mundo. Incluso aunque pienses que esto no es relevante, simplemente ponlo en práctica y verás cuánto influye en ti y en los demás. ¡Haz la prueba!

Aquí tienes un ejercicio sencillo: toma un papel y anota cómo has interactuado con las personas en las últimas dos semanas, teniendo en cuenta tres aspectos clave: apariencia, comunicación y comportamiento. Reflexiona sobre las siguientes preguntas:

1. ¿Cómo es mi tono de voz al comunicarme?
2. ¿Qué reacciones provoco en los demás con mi tono de voz?
3. ¿Hablo demasiado rápido o demasiado lento?
4. ¿Gesticulo mucho cuando hablo?
5. ¿Hago gestos faciales mientras converso?
6. ¿Interrumpo frecuentemente y rara vez dejo que otros terminen sus ideas?
7. ¿Cuido mi higiene personal: dientes cepillados, cabello peinado y un olor agradable?
8. ¿Mis ropas están limpias y reflejan mi personalidad?
9. ¿Mis vestimentas pueden causar incomodidad a los demás?

Después de responder y analizar estas preguntas, puedes empezar a trabajar en mejorar tu lenguaje corporal. Aquí tienes algunos consejos prácticos:

- Evita cruzar los brazos durante una conversación, ya que esto puede dar la impresión de que no estás abierto al diálogo. También trata de no mover excesivamente los brazos y las piernas, no chasquear los dedos, no apretar los labios ni mover los pies nerviosamente, ya que esto puede transmitir agitación o nerviosismo.

- Ajusta tu tono de voz para que sea similar al de la persona con la que hablas; no grites ni hables demasiado bajo. Sonríe y habla con calma, sin apresurarte.

- Mantén la espalda recta cuando estés escuchando a alguien, pero asegúrate de que los hombros estén relajados, no demasiado bajos. Mira siempre a la persona o personas del grupo con las que estás hablando. Mantén las manos abiertas o entrelazadas, pero nunca las apoyes en el mentón, el cuello o la cabeza si estás sentado. Es importante prestar atención a estos detalles para no parecer aburrido, impaciente, desconfiado o desmotivado.

- La expresión facial revela nuestras emociones del momento. Es fundamental ser consciente de tus expresiones faciales cuando alguien te está hablando. Aunque la conversación sea difícil o poco agradable, evita hacer gestos o muecas que puedan mostrar desagrado.

Además es útil desarrollar la empatía, esforzándote por comprender las emociones y perspectivas de los demás. Observarte frente a un espejo o grabarte en vídeo puede ayudarte a identificar áreas de mejora en tu lenguaje corporal. También pedir *feedback* a personas de confianza te proporcionará una visión externa valiosa para trabajar en lo que sea necesario.

Si adoptas estos hábitos, podrás proyectar una imagen más positiva y auténtica, y mejorarás tus interacciones diarias y la forma en que los demás te perciben. La clave está en la práctica constante y en la disposición para adaptarte y mejorar tus habilidades de comunicación no verbal.

Conocerte a ti mismo no es un
destino, es un viaje constante de
descubrimiento. Es enfrentarte a tu verdad,
aunque a veces sea incómoda. Tu identidad es como un
mapa, donde cada experiencia, cada creencia y cada emoción
trazan una nueva ruta. La pregunta clave no es solo «¿quién
soy?», sino «¿quién estoy dispuesto a ser?», porque en
ese espacio, entre lo que sabes de ti y lo que
podrías descubrir, es donde ocurre el
verdadero cambio.

8
Resistencia

La mayoría de nosotros llevamos dos vidas: la que vivimos y la que deseamos vivir. Entre ambas se interpone la «resistencia».

¿Alguna vez compraste una bicicleta estática que terminaste usando para colgar ropa? ¿Has abandonado un plan de alimentación saludable después de solo unas pocas semanas? ¿Ignoraste el impulso de aprender a tocar un instrumento, una nueva habilidad o iniciar un nuevo proyecto? ¿Te has imaginado, en las tranquilas horas de la noche, la persona que podrías ser, el trabajo que podrías hacer, el éxito que podrías alcanzar?

Si eres un escritor que no escribe, un pintor que no pinta o un emprendedor que no emprende, entonces conoces bien lo que es la resistencia.

Decía John Lee Hooker: «Una noche, acostado, escuché a mi padre decirle a mi madre: "Deja que el chico se las arregle, porque lo que tiene dentro debe salir"».

La resistencia es la fuerza más tóxica del planeta. Causa más infelicidad que la pobreza o la enfermedad. Ceder a la resistencia deforma el espíritu. Nos paraliza y nos convierte en menos de lo que somos y de lo que podríamos ser. Si crees en Dios, debes ver la resistencia como un mal, porque nos impide vivir la vida que Dios tenía en mente para nosotros cuando nos dio un talento especial. Cuanto más grande es nuestro deseo de lograr algo, más fuerte se hace.

La resistencia es más rápida que una bala, más poderosa que una locomotora y más difícil de abandonar que la procrastinación. No somos los únicos que caen ante ella; millones de personas han caído antes que nosotros. Y lo peor de todo es que a menudo ni siquiera sabemos que nos golpeó. Yo no lo sabía. Gran parte de mi juventud, la resistencia me venció repetidamente y yo ni siquiera sabía que existía. Buscaba al enemigo y no lo veía, aunque estaba justo frente a mí.

La resistencia es inapreciable: no se puede ver, tocar, oír ni oler, pero sí se puede sentir. Es una energía que emana de cualquier tarea que queremos realizar. Es una fuerza negativa que busca alejarnos, distraernos y evitar que hagamos nuestro trabajo.

La resistencia es interna. A menudo pensamos que viene de factores externos —nuestras parejas, nuestros trabajos, nuestros jefes o incluso nuestros hijos—, nos convencemos de que son estos «oponentes periféricos» los que nos impiden avanzar. Pero, en realidad, la resistencia nace dentro de nosotros. Es una fuerza que generamos y alimentamos. Es nuestro enemigo interno, el que nos sabotea desde dentro y nos impide alcanzar nuestras metas.

Suelta a tu antiguo yo

La mayoría de la gente quiere cambios, sueña con una nueva realidad, pero no está dispuesta a dejar ir su realidad actual. Y es imposible vivir dos realidades al mismo tiempo.

Quien creó la realidad en la que vives ahora fue tu yo del pasado, así que ten en cuenta que la vida que deseas vivir te costará sacrificar la que vives ahora.

No tiene sentido querer un nuevo amor si sigues aferrado a tu ex. No puedes anhelar un trabajo que te haga feliz si no estás dispuesto a renunciar al que tienes. Tampoco esperes tener más dinero si te aferras a creencias limitantes del pasado que frenan tu capacidad de prosperar.

¿Por qué nos cuesta tanto soltar la realidad actual, incluso cuando no nos gusta? Por miedo. Miedo a lo desconocido, a que las cosas empeoren, a perder lo que tenemos o a no encontrar algo mejor. Entonces nos aferramos, intentamos controlar, manipular, suplicar a las personas, insistir en situaciones que ya no nos benefician. Eso solo nos mantiene atrapados en el sufrimiento, cuando lo que de verdad necesitamos es un cambio. Y si no estás dispuesto a soltar, nada cambiará. Aferrarte a algo o a alguien bloquea automáticamente otras oportunidades. Si solo piensas en tu ex, ¿cómo vas a hacer espacio para alguien nuevo? Si deseas un nuevo empleo, pero crees que no encontrarás nada mejor que lo actual, ¿cómo piensas atraer esa nueva oportunidad?

Necesitas desarrollar la mentalidad de que lo que es para ti, será tuyo. Nunca pierdes algo destinado a estar en tu vida. Si algo se va, es porque algo mejor está en camino y porque esa persona o cosa ya cumplió su propósito en tu vida. Es hora de abrirse a lo nuevo, confiar en el proceso y prepararse para lo mejor que está por venir.

Y también es hora de entender que la vida es abundante. Si no es esa persona, si no es esa oportunidad, si no es esa circunstancia, si no es ese empleo, hay miles de opciones y oportunidades mucho más allá de lo que puedes ver ahora. Solo porque no las veas en este momento, no significa que no existan. Muchas personas piensan que la vida solo sucede dentro de lo que pueden ver a su alrededor, lo que está justo frente a ellos, porque el apego te limita a experimentar y verla más allá de tus propios límites. Pensar que si no es con esa persona, no será con nadie más; si no es esa oportunidad, no serás feliz; si no es esto, entonces no está bien y no saldrá como quieres, hace literalmente que se bloqueen los potenciales que podrían existir a través de otras cosas que ahora mismo no puedes ver.

Tenemos esta idea de que lo que imaginamos y queremos en nuestra vida es siempre lo mejor que podemos conseguir, pero eso está lejos de ser verdad. Muchas veces lo que imaginamos y queremos no está ni cerca de lo increíble que nuestra vida podría ser y de las oportunidades increíbles que podrían surgir. Así que suelta, no tengas miedo a los cambios, ten miedo de seguir siendo el mismo.

Si te dijera que tus pensamientos están directamente conectados con todo lo físico y material que puedes ver en este momento, ¿lo creerías? Si tu respuesta es «no», está bien; yo tampoco creía en esto. Sin embargo, como alguien que cambió de forma radical su vida, te aseguro que si estás abierto y dispuesto a esforzarte para cambiar tu mundo interno de pensamientos y sentimientos, tu entorno externo comenzará a responderte, demostrando el efecto de tu mente en tu mundo exterior.

Pero debes tener claro antes de cambiar tu vida que tu nueva vida te costará tu vida antigua. Imagina que tu vida es una habitación llena de cosas desordenadas y sucias. Si deseas cambiar esa habitación, pero al mismo tiempo no quieres deshacerte de lo viejo, ¿cómo esperas transformarla? ¿Cómo darás espacio a lo nuevo si no te desapegas de lo que impide su entrada?

La mayoría de las personas no están preparadas para cambiar de verdad porque no están dispuestas a desapegarse de su vida antigua, lo cual no tiene sentido. Quieren algo nuevo, una experiencia nueva, algo bueno, pero siguen aferrándose a lo que ya no les sirve, creyendo que no pueden conseguir algo mejor.

Te aseguro que una vez que dejes ir lo que ya no te sirve, lo que ya no se alinea con la realidad que deseas crear, tu vida cambiará. El universo, tu entorno, comenzará a responderte basado en los cambios que empieces a hacer internamente. No temas a lo nuevo, a lo desconocido, porque, aunque el cambio puede ser difícil, una vez que superas el desafío del desapego, la vida te sorprenderá mostrándote que mereces mucho más.

Nuestro universo está en constante cambio y evolución; nada permanece estático. Si te resistes al cambio, si te resistes al flujo natural de la vida, que es el crecimiento, te causarás mucho dolor. La estagnación es sinónimo de muerte. Por eso tantas personas se sienten mal consigo mismas; se sienten como si no estuvieran avanzando, porque se encuentran estancadas, no están abiertas al cambio. La vida es evolución y crecimiento.

Estás aquí para alcanzar tu máximo potencial porque tienes la capacidad de hacerlo. Deja de pensar que no eres suficiente. Para cualquier cambio verdaderamente efectivo en tu vida es crucial comprender que nada, nada en absoluto en tu entorno externo, necesita modificarse para que cambies internamente. Este concepto puede ser desafiante, porque hemos sido educados para que nos afecte nuestro entorno externo, basando cómo nos sentimos en lo que observamos a nuestro alrededor. Pero aquí radica el verdadero cambio: una vez que entiendas que no necesitas que nada externo cambie para modificar cómo te sientes internamente, transformarás tu vida. La mayoría de las personas viven esperando que algo cambie para empezar a cambiar ellas mismas, cuando debería ser al contrario.

Probablemente comienzas tus días de la misma manera: te levantas, te arreglas, tomas café, vas al trabajo o a estudiar, interactúas con las mismas personas, regresas a casa, cenas, ves televisión y duermes. Este ciclo se repite, llevándote a los mismos pensamientos, las mismas emociones y la misma manera de actuar día tras día. Si continúas en este ciclo, ¿cómo esperas que algo cambie?

Es un error creer que serás feliz una vez que seas rico, o que tengas el cuerpo perfecto o la pareja ideal. Buscar la felicidad en cosas materiales o externas es un camino equivocado. Hemos sido criados en una sociedad que nos enseña a buscarlo todo en todos sitios, menos en nuestro interior. La verdadera transformación, la magia y la realización que buscas están dentro de ti.

Tu vida solo cambia cuando tú cambias. Tu vida solo mejora cuando tú mejoras. No tienes una vida; tú eres la vida. Este entendimiento podría ser considerado el secreto de la vida: reconocer que no posees una vida, sino que eres literalmente la vida misma. Por lo tanto, si deseas cambiar cualquier aspecto de tu existencia, sea financiero, amoroso, familiar o psicológico, todo comienza contigo.

Todo empieza aquí, y es precisamente porque hemos buscado el significado de la vida fuera de nosotros mismos por lo que los índices de ansiedad, depresión y trastornos aumentan cada día. Controlar a una sociedad enferma es más fácil que manejar a una sana que conoce su potencial y su poder interno.

Necesitan que estés insatisfecho y triste para seguir vendiéndote la receta de la felicidad. Despierta. Deja de pensar que necesitas cierto cuerpo para amarte, un coche específico para sentirte valioso o una pareja perfecta para ser feliz. Mientras no cambies internamente, nada cambiará. Es una verdad dura, pero real.

Por eso la gente sigue viviendo vidas sin sentido, buscando satisfacción en lo externo y aferrándose a todo, creyendo que necesitan lograr ciertas cosas, cuando en realidad no se toman el tiempo para mirarse a sí mismos. A veces parece que la vida es una broma, ¿verdad? Entonces ¿cómo cambiamos internamente sin necesidad de alterar lo externo? Para cualquier cambio efectivo en tu vida, tus pensamientos, sentimientos y acciones deben estar alineados, deben ser coherentes.

Tu voz pequeña *vs.* tu voz grande

Comprende que no eres tus pensamientos. Si buscas una nueva realidad, si ansías el cambio, es esencial transformar tu manera de pensar. Al asimilar este concepto y aplicarlo en tu vida, descubrirás el vasto control que posees sobre tu realidad, lo que inevitablemente te llevará a preguntarte: ¿por qué nadie me reveló esto antes?

Reflexiona un momento: existe una voz en tu interior que dialoga contigo de día y de noche, pero ¿alguna vez te has detenido a cuestionar su origen? Sueles asumir que esa voz eres tú, que te define, te limita o te empodera, dictándote tus gustos, aversiones, deseos y temores. Sin embargo, este es el primer paso hacia un profundo error de percepción: esa voz no eres tú. Es, en realidad, un conjunto de programas mentales que has permitido que cobren vida en tu mente.

Remontémonos a tu infancia. Cuando eras pequeño, las figuras de autoridad en tu vida, como tus padres, familiares y maestros, comenzaron a moldear tu percepción del mundo con sus palabras y acciones. Te advirtieron sobre las dificultades de la vida, establecieron lo que era correcto e incorrecto y, quizá sin darse cuenta, sembraron en ti semillas de creencias que no elegiste de forma consciente. Como un terreno fértil, absorbiste esas semillas de pensamiento, sin tener la madurez para discernir o rechazar aquellas que no resonaban con tu verdadero ser.

Este es el núcleo del liderazgo personal: reconocer que esos pensamientos impuestos no definen quién eres en realidad. Al identificarlos y cuestionarlos, te otorgas el poder de elegir conscientemente qué creencias deseas nutrir y cuáles deseas arrancar de raíz de tu mente. La verdadera maestría de la vida comienza con el autoconocimiento, con la valentía de indagar en nuestro interior y cuestionar esas voces hasta descubrir nuestra auténtica esencia.

No sabías cómo funcionaba, así que simplemente aceptaste lo que la gente decía sobre cómo era la vida. Y, no me malinterpretes, sé cuánto se esforzaron nuestros padres y las personas que nos criaron para formarnos como buenos ciudadanos, como buenas personas para la vida, pero muchas veces las ideas que tenían sobre la vida no son las que necesitas seguir creando hoy. Las cosas han cambiado, las oportunidades son diferentes, las personas son diferentes. A veces estamos atrapados en creencias y mentalidades anticuadas de otras épocas, como las de nuestros abuelos.

Necesitamos seguir la evolución del mundo, la evolución de la vida, porque si no, nos quedamos atrás, atrás, atrás, y sufriremos porque iremos en contra del flujo natural del universo. Así es como funciona la vida, creces y te das cuenta de que todas esas semillas que la gente plantó en tu cabeza crecieron, germinaron y dieron fruto, pero muchas veces esos frutos son podridos: son pensamientos que ya no nos sirven, que nos deprimen, que limitan nuestro potencial, pensamientos totalmente limitantes.

Entonces, detente a pensar: ¿cuántas ideas hemos aceptado en nuestra vida que nos hacen mal? Ideas que nos hacen vivirla con una perspectiva muy negativa. Piensa si tu vida está gobernada por lo que crees o si la gobiernan ideas pasadas, de una época en la que no eras consciente de lo que elegías creer o no.

Por tanto, no, tú no eres tus pensamientos, no eres lo que piensas, porque no fuiste tú quien los eligió todos, no fuiste tú quien plantó todas esas semillas negativas en tu cabeza. Comprender esto es literalmente lo más liberador que puedes hacer por ti mismo. ¿Por qué? Porque ahora estás bajo tu control, tú eliges en qué creer o no, eliges a

Resistencia   105

qué prestar atención, eliges a qué darle vida. Puedes elegir la forma de la que quieres ver las cosas, a tu manera.

Así que te pregunto de nuevo, ¿cuántas veces esa voz interior te ha decepcionado? ¿Cuántas veces esa voz te hizo imaginar cosas que ni siquiera querías pensar? ¿Cuántas veces esa voz te hizo renunciar a algo que realmente querías, algo con lo que soñabas?: «¿Y si voy al gimnasio? No tengo ganas». «¿Y si comienzo aquel proyecto que tanto quería…? Mejor ni empezar, ¿y si sale mal?». «Uy, me estoy sintiendo tan guapa… No lo eres tanto». «Uf, tengo tantas cosas que hacer hoy… Pero ¿qué tal si primero vemos un episodio nuevo de tu serie favorita antes de hacer todo eso?».

Esa voz te ha llevado a tomar decisiones contrarias a lo que sabías que debías hacer o a lo que sabías que era para tu bien y tu crecimiento. Creyendo que ella eres tú, la has dejado tomar el control.

Y voy a decirte una cosa: va a ser muy difícil cuando comiences a ser consciente de esa voz. Al principio será complicado ignorar algo que ha estado tan presente en tu vida, será duro intentar cambiar una opinión que parece tan real en tu cabeza. Pero ¿por qué parece tan real y arraigada? Porque ha estado allí mucho tiempo, desde que naciste o durante años, no importa. Lo que sí importa es que ahora puedes hacerlo diferente.

En el momento en que tomas conciencia de algo, necesitas cambiar. No puedes ser consciente de algo que te daña y seguir en el mismo camino, porque la conciencia comenzará a sabotearte y pensarás: «Esa voz existe, esa voz a menudo está en mi contra, esa voz a menudo me hace sentir mal. ¿Voy a escucharla? No, voy a cambiarla, voy a decir lo que quiero oír, voy a decidir lo que quiero escuchar». Tendrás que insistir en ello, ser realmente consistente hasta que esa voz se convierta justo en lo que quieres oír, hasta que esa voz te ayude y no te obstaculice.

Una frase que define muy bien este proceso y que me gusta mucho es la siguiente: «Puede que no elijas tu primer pensamiento, pero siempre eliges el segundo». Si el primer pensamiento que viene a tu cabeza es «eres débil», «no puedes lograrlo», «las cosas son difíciles» y no haces nada, luego vendrán otros pensamientos similares pero peores, porque decidiste escuchar el primero. Así que cuando escuches el primero, lo que tienes que decir es «no, yo soy fuerte», «sí puedo», «las cosas son fáciles para mí porque soy capaz de realizarlas».

Ten esto en mente: no eres tus pensamientos, no eres esa voz que habla contigo en tu cabeza. Eres la persona que las escucha, la persona que decide qué camino tomar. Eres la persona que decide creer en ella o no. Un pensamiento es solo un pensamiento, nunca olvides esto.

Una idea que cambió mi vida y que te ahorrará muchos dolores de cabeza y decepciones es la siguiente: no te tomes nada a nivel personal. Cuando digo nada, es literalmente nada. Si alguien te insulta, te humilla, no te lo tomes como algo personal. E igual si alguien te elogia, te pone en un pedestal. Tampoco lo tomes personalmente. ¿Sabes por qué? Porque lo que los demás piensan, dicen, sienten o hablan de ti dice mucho más de ellos que de ti. Entiende que si siempre te preocupas y tomas en cuenta todo lo que las personas dicen de ti, terminarás olvidando quién eres en realidad.

El ser humano tiene la tendencia natural de querer encajar, pertenecer a algo. Nos gusta ese sentido de comunidad, nadie quiere ser rechazado, ser dejado de lado. Pero, debido a eso, empezamos a buscar validación externa y ahí empieza el problema. Buscamos tanto la validación del otro porque no confiamos en nosotros mismos, en nuestras propias opiniones, en nuestras propias elecciones.

Hasta que no comiences a darte cuenta de que la única validación que de verdad estás buscando es la tuya y no la de los demás, sufrirás.

Las personas solo dan lo que tienen; si alguien te da odio, es porque literalmente se da odio a sí mismo; si alguien te da amor, es porque esa persona es capaz de darse amor a sí misma. Empieza a vivir la vida como un espejo: lo que juzgas o admiras en el otro, también habla sobre ti. Sé que al principio es difícil entenderlo, pero todo en esta vida es práctica. La mentalidad que tienes hoy tuviste que practicarla, y la mentalidad que tengo hoy tuve que practicarla. Y hablo con propiedad cuando digo que todo es práctica, porque yo era una persona completamente diferente a la que soy hoy en día. Si puedo lograrlo, tú también. No dejes que nadie robe tu paz interior.

Puedo asegurarte que el 99% de las personas que no consiguen los resultados que desean es por miedo: miedo al fracaso, miedo a arriesgarse, miedo a salir de su zona de confort, miedo a lo que pensarán los demás. Por eso debes identificar qué es lo que te impide actuar a ti.

¿Y cómo hacerlo? Es simple. Piensa en algo que realmente quieras lograr, algo que sueñes hacer, algo que quieras comenzar, ya sea un proyecto o cuidarte más a ti mismo y cambiar tu vida. Piensa en ello y presta atención a la primera voz que aparece cuando piensas en actuar. Es la voz que te dice: «¿Y si sale mal?», «¿y si fracaso?», «¿qué pensarán las personas de mí?», «¿y si hago el ridículo?», «es muy difícil, no puedo hacerlo».

Quiero que le des un nombre a esa voz, vamos a llamarla el «yo pequeño». Es esa voz insegura, paranoica, llena de miedos, que no se siente capaz, la voz que te paraliza, que crea excusas y escenarios que solo existen en tu cabeza. El «yo grande», sin embargo, es el valiente, el que quiere cambiar de vida, enfrentar sus miedos e inseguridades, el que quiere crecer y dar lo mejor de sí mismo. Y todos tenemos estas dos versiones dentro de nosotros; solo depende de nosotros elegir a cuál escuchar.

La cuestión es que la mayoría de las personas se pasan la vida escuchando al yo pequeño y conformándose con él. Cuando alguien quiere comenzar algo, esa voz del yo pequeño aparece de inmediato con pensamientos de fracaso y preocupación por lo que pensarán los demás. Pero, igual que existen probabilidades de que algo salga mal, también existen grandes probabilidades de que salga bien. Y muchas personas nunca sabrán si tendrán éxito o fracasarán, porque ni siquiera dan el primer paso, ni siquiera lo van a intentar.

No existe un «cuando esté listo» o «cuando sea el momento correcto». Esas son solo excusas de tu mente para posponer lo que sabes que debes hacer ahora. Muchas personas siempre están esperando el momento adecuado, la hora favorable, una señal divina, inspiración o motivación externa para confirmar que deberían actuar. Sin embargo, toda la validación y certeza que buscan, la deben buscar y la tienen dentro de ellas. Si sientes la necesidad de hacer algo, es porque necesitas llevarlo a cabo.

Me costó mucho tiempo entender esto, porque pensaba: «Podría desear muchas cosas en la vida, podría aspirar a tantas cosas, ya sabes, tantas posibilidades que existen en este mundo. ¿Pero por qué tengo el deseo que tengo?». Tienes ese deseo porque es algo que debes llevar a cabo. No le des más vueltas.

En esta cuestión, la acción vale mucho más que el pensamiento. ¿De qué sirve tener ideas brillantes, ser creativo, ser un genio con ideas si no las llevas a cabo? Es como si estuviera haciendo el plano de una casa, pensando en todos los muebles, en todos los detalles, pero nunca la construyera. Simplemente queda en el plano mental o en el papel, pero nunca se convierte en realidad.

No me malinterpretes, está bien crear estrategias y planificar, pero la cuestión es que la mayoría de las personas nunca pasan a la acción. Piensan que crear una estructura mental es más importante que actuar, cuando en realidad lo que necesitas es actuar, es comenzar. Porque cuando actúas, la motivación y la inspiración vienen de repente. De hecho, hay una famosa frase de Frank Tibolt que dice: «Nos deben enseñar a no esperar por inspiración para empezar algo, acción siempre genera inspiración, inspiración raramente genera acción».

Es decir, no nos debemos quedar parados esperando para iniciar un proyecto, para perseguir nuestros sueños. Al contrario, hemos de ponernos en acción, dar ese primer paso y, cuando lo demos, la inspiración vendrá sola y nos va a generar esa motivación para avanzar. Porque cuando nos comprometemos con una acción, comenzamos a ver resultados, empezamos a ver el progreso y eso es lo nos motiva a seguir adelante.

Es como encender una chispa: una vez que la prendes, una vez actúas, esa chispa se convierte en luz que te sirve de guía y te impulsa a seguir adelante. Y, te digo más, una cosa que he aprendido es que la inspiración surge del esfuerzo y de la dedicación de cada paso de tu camino. Y te lo digo porque yo también sentía una necesidad increíble de saber cuáles eran todos los pasos exactos que debía seguir, antes de empezar, hasta que vi un vídeo de Martin Luther King que decía: «Tú no necesitas ver toda la escalera para empezar, lo que necesitas es dar un primer paso con fe. Así que no te quedes ahí esperando el momento perfecto o la motivación perfecta. Comienza, ahora toma acción y verás que la inspiración te seguirá».

Para crecer y expandirte, tendrás que hacer cosas que nunca antes hiciste, tendrás que desafiarte a ti mismo, demostrarte que eres mejor de lo que eres en este momento. Y ¿cómo puedes demostrarte a ti mismo que eres capaz, que puedes ser valiente y que lograrás algo?

Pues cambiando tu rutina, haciendo algo diferente, poniendo a prueba tus límites, porque si no ¿cómo vas a superar las barreras de la resistencia? En vez de tener miedo a la incertidumbre, a los «¿y si no funciona?», siempre es mejor actuar y arriesgarte que no hacer nada, ¿no crees?

Puede ser algo mínimo. Por ejemplo, si eres sedentario y no te levantas de la cama, camina durante diez minutos al día. Prueba que eres capaz de hacer algo. Sal de tu zona de confort, porque, por desgracia, quedarte acostado todo el día haciendo las mismas cosas no te traerá resultados.

Si puedes imaginarlo, puedes lograrlo

Durante mucho tiempo no entendí realmente lo que esta frase quería decir. Pero comprendí que nosotros mismos creamos nuestros límites y nuestros obstáculos. Si te pido que hagas algo que nunca has hecho antes y tu primera respuesta es «No puedo hacerlo» y ni siquiera lo intentas, estás convenciéndote a ti mismo de que no puedes hacerlo y punto final. Estás estableciendo un límite para ti mismo de que no puedes superar esa barrera, y así será. Sin embargo, si ahora te digo que hagas algo que nunca has hecho antes y tu respuesta es «Nunca lo he hecho, pero quiero intentarlo. Haré lo mejor que pueda y aprenderé», estás enviando un mensaje a tu cerebro de que puedes lograrlo.

Todo lo que tienes ganas de tener o hacer es posible. No importa dónde vives ni cuál es tu realidad. No importa lo grande, lejano o imposible que parezca tu objetivo. Sigue siendo posible. Esto me hace pensar en los grandes inventores de la historia, los que crearon el avión, la electricidad, internet. No puedo comprender cómo alguien en esa época pensó: «Voy a inventar algo como la electricidad, algo que no puedo ver ni tocar, algo totalmente imaginario en mi mente». Imagina hacerlo en ese momento, sin el conocimiento ni la tecnología que tenemos hoy en día.

Si esos genios le hubieran explicado sus sueños a otra persona, creo que lo primero que hubiera hecho esa persona sería llamarlos locos. Les diría algo así como: «¿Qué estás tratando de hacer, hombre? Esto ni siquiera es posible».

Pues imagina si esas personas hubieran escuchado la voz de la imposibilidad, si hubieran escuchado a su yo pequeño. ¿Cómo estaría la humanidad hoy en día? Si tienes una idea, si tienes un deseo, si tienes una visión, cree en esa visión, porque es posible.

Para tener éxito en algo no necesitas ser diferente, necesitas actuar y ser constante en la acción. Por eso solo el 1% de las personas realmente tienen éxito en la vida, porque son las pocas que continúan a pesar del miedo, a pesar de sentirse perdidas, a pesar de no tener certeza de nada, a pesar de la falta de motivación. A veces vivimos en la ilusión de que para hacer algo, debemos perder el miedo. Pero nunca perderás el miedo, porque el miedo es una emoción primordial que protege tu vida. Lo que debes hacer es actuar a pesar del miedo.

Es una ilusión pensar que ser constante en algo significa que nunca fallarás. La verdadera constancia es seguir intentándolo, incluso si fallas. Si fallas un día, al día siguiente piensa en cómo hacerlo mejor. La constancia no significa hacer lo mismo todos los días, la constancia es seguir intentándolo a pesar de las dificultades y los obstáculos. Así que, en lugar de centrarte solo en el resultado, comienza a centrarte en el proceso. Vívelo más, disfrútalo más. Si te sientes perdido y no sabes por dónde empezar para alcanzar tus sueños, pregúntate qué puedes hacer mejor ahora mismo. No pienses en lo que harás en la vida, en el año, en el mes o en la semana, sino en lo que puedes hacer hoy, en este momento. No te enfoques en cómo llegarás allí, solo piensa en dar el primer paso aquí.

La vida no se mide por las
veces que fallas, sino por las veces
que decides intentarlo de nuevo,
aun cuando nadie más
esté mirando.

9
El problema de nuestra era: no saber tomar decisiones

¿Cómo podemos tomar decisiones acertadas si nuestras emociones están influenciadas por nuestros cinco sentidos? ¿Qué significa esto? Es fácil de explicar: nuestras emociones se forman a través de lo que vemos y escuchamos.

Vemos algo que nos parece bonito y nos enamoramos. Vemos algo injusto y nos indignamos. Oímos a alguien hablar mal de nosotros o de un ser querido y nos enfadamos. Escuchamos una canción hermosa y nos sentimos mejor. Nuestros sentidos son la puerta de entrada de nuestras emociones. Por eso es muy importante cuidar lo que vemos, leemos y escuchamos.

Cuando estamos bajo una fuerte influencia emocional, es casi imposible tomar decisiones correctas. ¡Las emociones gritan y la razón se calla! Es la famosa lucha entre la razón y la emoción.

Lo esencial es: hoy eres el resultado de las decisiones que tomaste ayer. Somos el fruto de nuestras elecciones pasadas. Por lo que saber tomar decisiones acertadas es vital.

¿Cuántas veces has tomado decisiones equivocadas? ¿Cuántas veces has decidido apresuradamente? Recuerda: tu destino respetará tu libre albedrío.

Sé que tomar decisiones acertadas puede ser un desafío, sobre todo cuando nuestras emociones y sentidos influyen en nuestro juicio. La clave está en encontrar un equilibrio entre escuchar a tu cuerpo y usar la lógica de tu mente. Aquí te explico cómo hacerlo:

Escuchar al cuerpo:

Tu cuerpo puede ofrecerte señales valiosas sobre cómo te sientes respecto a una decisión. Estas señales son a menudo intuitivas y pueden manifestarse como sensaciones físicas. Aquí te dejo algunas formas de escuchar a tu cuerpo:

1. Intuición: A menudo llamada «corazonada», es esa sensación instantánea que te dice si algo es bueno o malo. Es una respuesta rápida del cuerpo basada en experiencias pasadas y emociones.
2. Sensaciones físicas: Presta atención a cómo tu cuerpo reacciona a ciertas ideas o decisiones. Por ejemplo, si sientes tensión en el estómago o un nudo en la garganta, puede ser una señal de que algo no está bien.
3. Emociones: Las emociones también desempeñan un papel crucial. Si una decisión te hace sentir feliz y entusiasmado, es probable que sea una buena opción. Si te sientes ansioso o temeroso, podría ser una señal de alerta.

Usar la mente:

La lógica y el razonamiento son igualmente importantes al tomar decisiones. Aquí te dejo algunas formas de usar tu mente de manera efectiva:

1. Análisis de pros y contras: Hacer una lista de los beneficios y desventajas de cada opción puede ayudarte a ver las cosas con más claridad.
2. Investigación y datos: Asegúrate de tener toda la información relevante antes de decidir. Investiga y reúne datos que puedan influir en tu decisión.
3. Perspectiva externa: Habla con personas de confianza y pide su opinión. Ellas pueden ofrecerte una perspectiva diferente y ayudarte a ver aspectos que quizá no habías considerado.
4. Reflexión: Tómate el tiempo necesario para reflexionar sobre las posibles consecuencias de cada opción. Imagina diferentes escenarios y cómo te sentirías en cada uno.

Encontrar el equilibrio:

Para tomar decisiones acertadas, es esencial equilibrar la información que recibes de tu cuerpo y tu mente. Aquí tienes algunos consejos para lograrlo:

1. Pausa y respira: Antes de tomar una decisión respira profundamente y tómate un momento para calmarte.

El problema de nuestra era: no saber tomar decisiones

Esto te ayudará a escuchar tanto a tu cuerpo como a tu mente sin que las emociones intensas dominen tu juicio.

2. Conecta con tus valores: Reflexiona sobre tus valores y objetivos a largo plazo. Una decisión que esté alineada con tus valores y metas probablemente sea la correcta.

3. Practica la autocompasión: Sé amable contigo mismo durante el proceso de toma de decisiones. Entiende que es normal cometer errores y que cada decisión es una oportunidad para aprender y crecer.

4. Confía en tu proceso: Desarrolla un proceso de toma de decisiones que funcione para ti y confía en él. Esto podría incluir meditación, escribir en un diario o hablar con un mentor.

Finalmente recuerda que tomar decisiones acertadas no es suficiente si no actúas en consecuencia. Una vez que hayas tomado una decisión, comprométete a seguir adelante con ella y pon en práctica los pasos necesarios para alcanzarla. La inacción puede ser tan perjudicial como tomar una mala decisión. La clave está en moverse hacia adelante con confianza y adaptabilidad, aprendiendo y ajustando el curso según sea necesario.

La diferencia entre sacrificio y sufrimiento

Entiende que «sacrificio» no significa «sufrimiento». El sufrimiento produce un dolor que no lleva a nada, mientras que el sacrificio da frutos en medio del dolor y, una vez alcanzados, tienen el poder de borrar todo el dolor del proceso.

Imagina a un joven que decide convertirse en bombero. Durante su entrenamiento debe pasar por pruebas físicas y mentales extremadamente exigentes. Tiene que levantarse antes del amanecer todos los días, soportar agotadores ejercicios físicos, enfrentar su miedo al fuego y a las alturas, y aprender a trabajar bajo presión. Este proceso es doloroso y desafiante, pero es un sacrificio, no un sufrimiento. Al final de su entrenamiento, cuando se convierte en un bombero profesional y salva su primera vida, todo el sacrificio habrá valido la pena. No recordará el dolor de las pruebas, sino la satisfacción de haber logrado su objetivo.

No clasifiques tu vida por los dolores que has sentido, más bien distingue entre sufrimientos y sacrificios. El dolor puede ser un aliado de la prudencia, nos moldea y muestra quiénes somos. No debemos huir del dolor, sino aprender de él. Lo triste es tener que lidiar con el dolor a través del sufrimiento y no del sacrificio.

Un atleta, por ejemplo, entrena arduamente durante años para prepararse para las Olimpiadas. Renuncia a disfrutar cenas deliciosas o vacaciones con amigos en la playa. Porque su sueño y alimentación necesitan estar regulados. Este es un dolor relacionado con el sacrificio, no con el sufrimiento, porque cuando se coloca la medalla en su pecho, siente que todo valió la pena. Después del éxtasis de la victoria vuelve a su rutina de entrenamiento esperando la próxima competición.

No salir a comer con los amigos el fin de semana para ahorrar con el fin de alcanzar una meta no es sufrimiento, sino sacrificio. Al final, los frutos llegarán. Este tipo de dolor es innegable, genera frutos y nos moldea, haciéndonos ser quienes somos. Nuestra existencia está llena de dolores. La forma en que los interpretamos define nuestro destino.

La verdad es que necesitamos un lugar donde llevar nuestras preguntas sin respuesta, nuestras confusiones mentales. Rara vez encontramos respuestas, seguridad y cordura dentro de nosotros. Por eso recurrimos a las ofertas del mundo exterior. Algunos las encuentran en la religión, la espiritualidad, la reflexión, el deporte…; otros, en las drogas, la prostitución, el juego…

Con independencia de cómo nos afecte, el dolor es una señal de vida, la prueba de que el cuerpo aún puede sentir. El dolor no es el fondo del pozo, sino el comienzo de algo nuevo. Nadie sigue siendo el mismo después de superar un dolor. Las heridas dejan cicatrices, pero la buena noticia es que una herida puede convertirse en cicatriz, y esta cicatriz demuestra que hemos superado el dolor. Las heridas que permanecen abiertas, sin embargo, se pudren.

¿Quién toma las decisiones, tú o tus sentimientos?

¿Quién está realmente controlando tu vida? ¿Eres tú quien toma las decisiones que moldean tu futuro, o son tus sentimientos los que dictan tus acciones?

A veces, los sentimientos pueden ser difíciles de manejar. La ira, por ejemplo, puede hacernos actuar de maneras que normalmente no nos representan. Bajo el efecto de la ira es común que las personas pierdan el control y digan cosas de las que luego se arrepienten.

Y no solo la ira, sino que muchos sentimientos tienden a dominar al ser humano. Cada sentimiento tiene su origen en una emoción. Es decir, un sentimiento es una emoción que se ha asentado. Las emociones son pasajeras, mientras que los sentimientos perduran un poco más. Cuando una emoción se intensifica, se convierte en un sentimiento.

La cuestión es que las emociones son temporales, pero las decisiones que tomamos bajo su influencia pueden ser permanentes. A veces, en un arrebato de emoción intensa, como la ira, alguien puede tomar decisiones en cuestión de segundos que tendrán un impacto duradero. Por ejemplo, en medio de una discusión acalorada, podrías gritar «¡Vete! ¡No quiero verte nunca más!». Minutos después, al calmarte, quizá te arrepintieras de tus palabras, pero el daño ya está hecho y esa persona podría irse para siempre. Las emociones son temporales, pero las decisiones pueden ser definitivas.

Entonces, después de leer esto, la pregunta es: ¿quién está realmente controlando tu vida?

Tus sentimientos y emociones influyen en cómo te comportas y en cómo te perciben los demás. Por ejemplo, hay personas cuyo sentimiento del amor es tan fuerte que son naturalmente cariñosas y afectuosas. Los demás las ven como personas amables y quieren estar cerca de ellas. Por supuesto, todos preferimos ser aceptados y amados en lugar de rechazados y abandonados. Por eso las personas se sienten atraídas hacia quienes transmiten aceptación y amor.

El poder de la selección: palabras, consumo y personas

Sé selectivo con tus palabras, con lo que consumes y con las personas con las que te asocias. Comienza a pensar más allá de lo que tus cinco sentidos pueden percibir. La vida ocurre mucho más allá de lo que podemos ver directamente.

Sé consciente de cómo usas tus poderes, tu tiempo y tu energía, porque puedes utilizarlos a tu favor o en tu contra. Protege tu tiempo y tu energía como el recurso limitado y poderoso que son. Presta atención a lo que escuchas, a lo que consumes y a cómo hablas de ti mismo y de tu vida. Todo esto, eventualmente, define quién eres.

Y, por favor, deja de compararte con los demás. La comparación es una elección y, sinceramente, es una pérdida de tiempo. Si te reconocieras como un ser único en este planeta, ¿tendría sentido seguir comparándote?

Incluso unos gemelos idénticos, criados en el mismo entorno y con las mismas oportunidades, no son comparables entre sí. Entonces ¿qué te hace pensar que puedes compararte con alguien que ha tenido un camino completamente diferente al tuyo? Usa tu cerebro para algo más productivo. Si estar en redes sociales y compararte con otros te hace daño, te invito a dejar de seguir a esas personas. De verdad, ¿disfrutas de sufrir? Date un poco de amor propio y comienza a valorar tu singularidad.

La comparación surge de no reconocer nuestro propio potencial. Reconocemos las cualidades en los demás, pero nos cuesta ver las nuestras. Para superar esto, te sugiero transformar la envidia o la admiración en combustible para tu crecimiento. Si alguien te inspira envidia, pregúntate qué es lo que admiras de esa persona y cómo eso refleja tus propios deseos y metas. Por ejemplo, si no sientes envidia de alguien con un gran apartamento en Nueva York, probablemente es porque no deseas vivir allí. La envidia puede ser una pista de lo que en realidad aspiras a lograr. Utiliza a esas personas como inspiración para conocerte mejor y comprender tus propios deseos. En lugar de mirar a los demás con resentimiento por lo que tienen o logran, pregúntate por qué no podrías alcanzar lo mismo. Deshazte del pensamiento de que «es fácil para ti decirlo» porque justamente esa mentalidad es la que alimenta la comparación y la frustración.

Recuerda, tu única competencia eres tú mismo, comparándote con quien eras ayer. Centrándote en tu propio camino y progreso, no solo evitarás compararte con los demás, sino que no tendrás tiempo para ello. Estarás demasiado ocupado invirtiendo en ti mismo, en tu crecimiento y mejora personal. Mantener la mentalidad de que lo estás haciendo lo mejor que puedes, es lo que te permitirá avanzar con confianza y satisfacción en tu propia vida.

Imagina que antes de llegar a este mundo, una fuerza superior, llámalo Dios, universo o como prefieras, se te acercó y te propuso jugar a un juego llamado «vida». Te explicó que en ese juego serías el creador de tu realidad, donde podrías hacer, ser y tener literalmente lo que desees, experimentando desde la felicidad hasta la tristeza, y enfrentando desafíos que siempre podrás superar porque eres más grande que ellos. Imagina que, interesado, preguntaste cómo controlarías al personaje, y te dijeron que lo harías con tu mente: tus decisiones, creencias, actitudes y elecciones. Curioso, inquiriste sobre el propósito del juego, y la respuesta fue evolucionar, pasar de pantalla y, con ello, ayudar a otros jugadores a evolucionar también. La misión principal sería recordar que estás jugando, aunque nacerías sin recordarlo y sin elegir dónde, en qué familia o con qué apariencia comenzarías.

El problema de nuestra era: no saber tomar decisiones

A medida que creces, las enseñanzas de tus padres y la sociedad te empiezan a moldear, dictándote cómo debería funcionar el juego: estudiar, trabajar, formar una familia, y quizá, si hay tiempo, divertirte un poco los fines de semana. Te dicen que dejes de soñar, que te conformes con lo que tienes porque ciertas cosas «no son para gente como nosotros».

Cuando escuchas todo esto, puede parecerte que tú no tienes el control, pero siempre puedes hacer una elección diferente, con independencia de tu situación actual. El primer paso para retomar el control y cambiar es reconocer que siempre lo has tenido, que no eres una víctima de la vida, sino responsable de tus acciones y, por tanto, del poder de cambiar y crear diferente.

Asumir la responsabilidad de tu vida y lo que has creado hasta ahora es crucial, porque con ello también asumes el poder de cambiar y actuar de manera diferente. Por ejemplo, si rompes un vaso accidentalmente, en lugar de justificar todas las acciones que llevaron a ese momento, es más productivo aceptar la responsabilidad y considerar qué otras acciones puedes tomar en el futuro.

Este reconocimiento de tu propio poder y responsabilidad es el primer paso para vivir conscientemente el juego de la vida, recordando que eres el líder de tu realidad y que siempre puedes elegir cómo jugar para que no se rompa el vaso de nuevo, tal vez cambiarlo de lugar o prestar más atención para tener cuidado y no romperlo. O quizá simplemente decida comprar otro cada vez que se rompa. ¿Has visto cuántas decisiones, cuántas posibilidades hay en un ejemplo tan sencillo?

Entonces empieza a asumir la responsabilidad por tu vida,

empieza a asumir responsabilidad por las actitudes que tomas. Tú eres tu propio líder. Estás al mando. Tienes el control. Siempre tienes elecciones, puedes elegir ver la vida como una carga o puedes elegir verla como una bendición. Puedes elegir ver la vida como una víctima o puedes verla como un creador de tu realidad. Puedes elegir ver la vida con ojos súper negativos, limitantes, o puedes elegir verla con ojos súper positivos, con oportunidades ilimitadas. Tú creas el guion de tu vida. El diálogo interno que tienes contigo, la manera en que dices que funciona la vida, la manera en que eliges lidiar con las cosas, es la forma que automáticamente comenzará a manifestarse en tu realidad externa, en tu 3D. Por eso comienza a crear el guion de la vida que quieres vivir y observa cómo tu vida cambia drásticamente.

Todo en tu vida crece a partir del momento en el que tú creces

Todo en tu vida mejora a partir del momento en que tú mejoras. Tú eres la fuente de tu felicidad, tú eres la fuente de tu cuenta bancaria, tú eres la fuente de tu éxito. Entonces necesitas invertir en ti primero para que todo lo demás crezca. Te garantizo que la única inversión de la que nunca te arrepentirás es la de haber invertido en ti.

Empieza a invertir en conocimiento. Lee, estudia, ve vídeos, busca conocimiento, porque eso es lo que tiene el poder de cambiar tu vida. No puedes cambiar algo que no conoces, así que, si no estás satisfecho con tus resultados ahora, es porque necesitas más conocimiento sobre cómo cambiar tu realidad, sobre cómo hacer algo de manera diferente.

Cuando te digo que estudies, no quiero decir que tengas que ir necesariamente a la universidad, que obtengas un diploma o te especialices en algo, no.

Nuestra vida, al igual que un juego, se compone de diversas fases. Cuando nos encontramos en ese momento crítico, nos sentimos perdidos y clamando por un cambio, anhelando algo diferente porque sabemos que merecemos más, es cuando más necesitamos renovarnos.

Reflexiona volviendo al símil del guion: si los resultados actuales son consecuencia de las acciones pasadas de tu personaje, para experimentar una mejora y alcanzar resultados superiores, es imperativo actualizar y perfeccionar al personaje, de modo que sus acciones se alineen con los objetivos deseados. Así que si tu economía no te satisface, interpreta esto como un impulso para la transformación, no como un obstáculo insuperable.

Lo que te genera incomodidad es precisamente lo que te impulsa a cambiar

Los desafíos, las disconformidades, los contratiempos son el motor del cambio. Sin embargo, muchas veces, ante la adversidad, las personas tienden a resignarse, aceptando erróneamente que «así es la vida». Pero no debe ser así; cada obstáculo es una oportunidad para el crecimiento y la superación.

Cuando te atrapas en la espiral de quejas, ¿qué logras realmente? Estás duplicando tu lamento por la misma situación. Quejarse, enfocarse en los problemas, en lo negativo, ¿qué crees que atraerás a tu vida? Reflexiona sobre ello.

Es el momento de aprovechar este maravilloso instrumento que posees a tu favor, no en tu contra. Comienza a cuestionarte: si mi situación financiera está lejos de ser ideal, ¿qué representa el dinero? ¿Qué es esa energía que persigo constantemente, que impulsa al mundo? ¿Qué sentimientos asocio al dinero? ¿Escasez, insuficiencia, temor? ¿Por qué siento esto hacia el dinero? ¿Podría ser porque crecí en un entorno donde el dinero era escaso, porque provengo de una familia que luchó arduamente por él? Quizá ese sea el origen de mi mentalidad respecto al dinero.

Antes de transformar la relación que tienes con cualquier aspecto de tu vida, es crucial indagar el porqué de tus actuales percepciones y vínculos. Aquí es donde la física cuántica cobra protagonismo.

Antes de procurar cambios en el exterior, es imperativo que inicies el cambio en tu interior, que modifiques tu relación con aquello que deseas transformar. La física cuántica nos enseña que, para experimentar una nueva realidad, primero debemos sentir que ya estuviéramos viviendo esa realidad, incluso antes de que se manifieste.

Reconozco que esto puede sonar a pura locura. Yo misma dudé, pensé que era imposible, pero luego me di cuenta de que mi vida había sido una mentira porque nadie antes me había revelado esta verdad. A partir del momento en que entiendas que para experimentar cualquier realidad, primero necesitas sentirte como si ya vivieras esa realidad, tu vida cambiará.

Entonces te pregunto: si estuvieras viviendo la realidad que tanto quieres vivir, ¿cómo te sentirías? ¿Cómo pensarías? ¿Cómo actuarías? Si fueras millonaria ahora, ¿crees que tendrías la visión de que las personas ricas son malas? ¿Que para tener mucho dinero debes hacer algo malo? Porque eso es lo que muchas personas piensan inconscientemente sobre el dinero y la riqueza. Creen que el dinero es la raíz de todos los males, que el mundo es como es por culpa del dinero, que la gente es mala si tiene dinero.

Es curioso, porque esas mismas personas quieren más dinero, pero tienen una visión terrible de él y de quienes lo poseen. Esto es solo un ejemplo trasladable a otros aspectos de la vida. Muchos hombres y mujeres tienen una visión negativa sobre aquello mismo que quieren atraer.

Es como cuando quiero atraer a una persona que me respete, me entienda, me ayude y, al mismo tiempo, tengo la creencia de que los hombres no valen la pena o de que las mujeres son todas iguales. Si realmente creo eso, ¿cómo voy a atraer a alguien que valga la pena?

Empieza a pensar: si tuvieras el cuerpo de tus sueños, ¿cómo te sentirías? ¿Continuarías odiándote a ti mismo, hablando mal de ti mismo, hablando mal de tu cuerpo? Si tuvieras la relación de tus sueños, ¿continuarías pensando que los hombres y mujeres no valen la pena, que nunca serás amado? Claro que no, porque supuestamente ya tienes todo eso.

Antes de querer tener más dinero necesito sentirme alguien abundante. Antes de tener el cuerpo de mis sueños necesito aceptarme como soy. Antes de querer ser amado por alguien en una relación necesito amarme a mí mismo. ¿Notas cómo todo comienza en ti?

Eres más capaz de lo que puedes imaginar en este momento, mucho más. Y lo digo con tanta certeza porque antes de ser quien soy, antes de pensar como pienso, era alguien totalmente diferente. No bromeo cuando digo esto, pensaba lo contrario de lo que pienso hoy en día. Y si yo pude, tú también puedes, estoy seguro de ello. Yo tuve que pasar por un proceso de aceptación, cuando alguien me decía «tú creas esta realidad», yo me reía en la cara de esa persona y pensaba «esta persona debe estar bromeando». Pensaba que no era líder de nada, pensaba que las cosas simplemente sucedían y yo solo estaba allí como un extra de mi propia película, de mi propio juego, de mi propio guion.

Vivimos en esta ilusión, pensando que las cosas externas a nosotros tienen que cambiar para que tengamos algún cambio interno, pero es justo al contrario. Por suerte, ya lo sabes.

Autorresponsabilidad

Hay dos formas de vivir tu vida: como víctima o como creador. Para saber si eres víctima o creador, te haré una pregunta: ¿crees que tu vida simplemente te sucede, que no tienes control sobre lo que ocurre en ella? Si respondes que sí, es probable que te estés viendo como víctima. Y ser la víctima es el peor punto de partida para cualquier cambio en tu vida, porque delegas todo tu poder de cambio al exterior, a las personas, las cosas, las circunstancias. Es ese sentimiento de «Dios mío, ¿por qué me pasa esto a mí?», esa persona que espera que algo externo cambie para ser feliz, que culpa a los padres, amigos, la vida, el dinero, a Dios, a todos menos a sí misma porque, claro, ¿cómo va a ser responsable de su propia vida?

En cambio, el creador es líder de su vida. Es consciente de su responsabilidad sobre su propia vida. Entiende que, si desea cambios, necesita hacer que ocurran. Sabe que, al cambiar internamente, el cambio externo sucederá. Comprende que su vida es un reflejo de cómo piensa, siente y actúa, y que eso sí está bajo su control. La manera en que piensas, sientes y actúas es totalmente tu responsabilidad y de nadie más. Y desde el momento en que empiezas a asumir esa responsabilidad, empiezas a transformar tu realidad.

Cuando tomas control de tu vida, todo cambia. Asumir la responsabilidad significa tener el poder sobre ella. Recuerdo cómo, de pequeño, mis padres se hacían cargo de mí, lo que significaba que tenían poder sobre mi vida. Así que en el momento en que comienzas a tomar las riendas de tu existencia, automáticamente empiezas a tener poder sobre ti mismo.

Cada vez que te des cuenta de que estás echándole la culpa a factores externos, esperando que algo fuera de ti cambie para que tú cambies, recuerda esto: tú eres el único responsable de hacer que el cambio suceda. Deja de preocuparte por lo que los demás piensan o dicen de ti. Muchas personas quieren cambiar, pero están demasiado ocupadas temiendo el juicio ajeno o juzgando a otros. Y déjame decirte que esa es la vía más rápida hacia la infelicidad.

Las personas más exitosas y realizadas que conozco no se preocupan por la opinión de los demás. Están más enfocadas en vivir su vida que en lo que otros puedan pensar de ellas. Han comprendido que ninguna opinión ajena va a pagar sus facturas, construir su autoestima o ayudarlas a vivir la vida que desean. La opinión de los demás no tiene el poder de hacer nada de eso por ti.

Durante años a mí también me paralizó el miedo a lo que la gente pudiera pensar de mí. Quería crear contenido en internet, quería empezar a grabar vídeos, pero estuve ocho años sin hacerlo por miedo al juicio ajeno. Imagina, ocho años deseando algo y no hacerlo por temor a lo que alguien pudiera pensar. Es triste darse cuenta de que estás poniendo la opinión de alguien, conocido o no, por encima de tus propios deseos.

Pero cuando finalmente empecé a crear contenido, me di cuenta de lo irrelevante que era la opinión de los demás en mi vida. Porque nadie, excepto tú, va a vivir tu vida. Preocuparte por lo que piensen o digan de ti no te llevará a ninguna parte. Entiende que cada quien ve la vida a través de sus propias pupilas, y cada par de pupilas ve el mundo de manera diferente.

La próxima vez que te preocupes por la opinión de alguien, pregúntate si esa persona realmente te inspira, te ayuda, te ama o vive la vida que tú quieres vivir. Si la respuesta es no, ignórala. Te sorprenderá darte cuenta de que quienes te critican o juzgan, en realidad, no te aportan nada. En muchas ocasiones, de hecho, esas personas nunca han construido nada significativo en sus vidas. Esto se debe a que aquellos que necesitan disminuir a otros están operando desde una frecuencia baja, y las personas que vibran alto simplemente no son afectadas por quienes vibran en una frecuencia más baja. No hay compatibilidad. Y tú les das poder cada vez que decides escuchar y dar importancia a su opinión.

Sentirse afectado por lo que alguien más piensa de ti es una elección personal. Al fin y al cabo, si sabes quién eres, no necesitas que nadie más te lo diga. Las personas que no están seguras de sí mismas son las que buscan constantemente la validación externa, porque carecen de una percepción clara de quiénes son. Así que activa tu modo «No molestar» y vive tu vida.

El problema de nuestra era: no saber tomar decisiones

Al final del día ninguna opinión externa te hará más feliz que la tuya. La forma en que te ves a ti mismo es un reflejo directo de tu realidad. Tu realidad es un reflejo de cómo percibes tu vida. Si piensas que eres incapaz, procrastinador o estás perdido, todo eso se manifestará en tu vida de diversas maneras, porque donde están tus pensamientos, ahí está tu enfoque.

Por ejemplo, si te pregunto cuántos coches rojos has visto en la calle, probablemente no puedas responderme, porque no saliste buscando coches rojos. Pero si te digo que te daré cincuenta euros por cada coche rojo que veas, de repente empezarás a notarlos, porque tu enfoque y tus pensamientos estarán puestos en ello. Así que, si antes no veías ninguno, ahora empezarás a verlos por todas partes.

Dirigir tu enfoque y atención es algo crucial y funciona igual en tu realidad. Si te concentras demasiado en problemas, en escenarios que no deseas vivir, en pensamientos negativos sobre ti, eso es exactamente lo que verás manifestarse en tu vida. Tu realidad será un reflejo de dónde pones tu enfoque, de lo que ocupa tus pensamientos. Este es el principio: comienza a desviar tu atención de lo que no deseas y mira cómo empieza a suceder la magia, cómo lo que realmente deseas empieza a hacerse realidad.

Concéntrate en lo que solo tú puedes hacer por ti

Mucha gente quiere cambiar de vida, pero se queda en el «no sé por dónde empezar». ¿Sabes por dónde puedes empezar? Haciendo por ti lo que nadie más puede hacer. Nadie puede alimentarse mejor por ti, nadie puede cuidar de tu cuerpo por ti, nadie puede cuidar de tu mente por ti, nadie puede cambiar tus hábitos por ti, pero tú sí puedes. Aquí está la magia.

La gente piensa que para cambiar de vida necesita hacer algo monumental, como crear una empresa, mudarse de país o aislarse del mundo. Pero, en realidad, solo necesitas comenzar cuidando los pilares básicos de tu propia vida. Una vez que cuidas lo básico, todo lo demás encaja automáticamente. Por ejemplo, si empiezas a comer mejor y a hacer ejercicio, te sentirás más motivado y enérgico. Esto te llevará a tener pensamientos más positivos y confiados, lo que a su vez aumentará tu autoconfianza y autoestima. Y al creer más en ti, empezarás a actuar de manera más alineada con tus deseos y objetivos. Actuando así, comenzarás a ver resultados reales.

Cambiar tu vida comienza con acción, actuando de acuerdo con la persona que deseas ser, con tus objetivos y deseos. No hay secretos ni fórmulas mágicas, lo básico funciona, pero muchas personas evitan lo básico, porque es incómodo y difícil. Prefieren buscar atajos o fórmulas mágicas para facilitar su camino, porque no quieren enfrentar el proceso. Aunque la verdad es que normalmente esos atajos no traen el cambio duradero y efectivo que necesitas en tu vida. Los procesos, por duros que sean, te brindarán resultados duraderos.

No esperes a que algo externo suceda para cambiar, sé tú el cambio.

Bueno te vuelves

Piénsalo bien, no eres necesariamente increíble y fuerte por estar siempre ganando batallas, sino por ser capaz de evitar que estas batallas sucedan.

Durante mucho tiempo caí en el mito de que es una gran virtud ser alguien que siempre está luchando contra algo, en un modo de supervivencia constante, defendiéndose del mundo entero. Pero eso no es bueno, ni siquiera desde un punto de vista fisiológico, porque estás todo el tiempo en alerta y en estado de estrés.

Puede que hoy, objetivamente, no seas bueno en eso que deseas dominar. Tal vez sean las matemáticas, la comunicación, el ser un excelente vendedor o cualquier otra cosa que sientes que no logras. Está bien no ser bueno en algo desde el principio. Lo importante es aceptar que, aunque hoy no lo seas, eso no significa que no puedas llegar a serlo. Convertirte en bueno es un proceso que requiere dedicación diaria, esfuerzo y mejora paulatina, porque la práctica no es más que acumular experiencia en algo. Cuanto más practicas, más oportunidades tienes de mejorar.

Sin embargo, muchas personas no están dispuestas a pasar por ese proceso, y creo que se debe a que no entienden los conceptos básicos que hay detrás de él. No es que no quieran hacerlo o sean perezosas, sino que tal vez tienen algunas percepciones distorsionadas. Por eso es clave buscar esa claridad mental para entender realmente lo que está pasando.

Imagina que quieres empezar a crear contenido en internet porque ves que otros están ganando dinero con ello.

Quieres manejar tus problemas vitales, ganar independencia y vivir a tu manera. El error está en decirte a ti mismo «No soy bueno, punto». ¡Espera!, puedes desarrollarte, puedes convertirte en alguien bueno, solo acepta que hay un proceso por medio. Nunca te pongas una etiqueta en la frente que determine tu futuro y te paralice.

Tu futuro se esconde en un lugar muy cercano: en tu rutina diaria. Y esto no es magia ni una frase para impresionar. Si lo piensas bien, todas tus acciones tienen reacciones y consecuencias. La vida es como un ovillo de lana que se va desenvolviendo a medida que avanzamos. Mi vida se despliega conforme tomo decisiones. Si decido ir a la playa, mi vida mañana estará en la playa. Mi vida se desarrolla según las decisiones que tomo, aunque a veces esas decisiones resulten imprecisas o erróneas, ya sea por falta de conocimiento, consciencia o claridad.

No siempre sabes si estás tomando la decisión correcta, pero, definitivamente, tus decisiones te llevarán a resultados concretos que construirán tu mañana.

Tu contexto moldea tus actitudes. Influye directamente en ti. El contexto incluye factores externos que no tienen por qué provenir de ti. Si estás estresado o de mal humor por causas externas, eso afectará tu rendimiento, sin duda. Lo que consumes, a quién sigues, dónde vas, con quién te juntas, qué comes, todo influye en quién eres y qué haces.

Antes pensaba que solo necesitabas querer algo y tener voluntad para conseguirlo, pero ahora entiendo que también estamos inmersos en un contexto que nos influye mucho. Eso no significa que estemos destinados a ser marionetas de nuestro entorno. Una vez que eres consciente de cómo el contexto te afecta, tienes el poder y la responsabilidad de cambiar lo que puedas, como, por ejemplo, alejarte de una amistad tóxica que te desanima.

Las circunstancias y factores externos pueden impulsarte o frenarte y, una vez que tienes claridad sobre esto, también tienes la responsabilidad de decidir qué hacer al respecto. Esta es una de las lecciones más poderosas que he aprendido y trato de aplicarla tanto como puedo, ya que al hacerlo veo resultados reales.

Las decisiones construyen tu futuro, no las ircunstancias. No esperes que la vida cambie; cambia tú primero y todo lo demás responderá. Cada vez que decides, diseñas un paso más hacia la persona que quieres ser. Incluso en la incertidumbre, una elección consciente te aleja de la inercia y te acerca a tu propósito. No permitas que el miedo o la indecisión te mantengan atrapado en la comodidad; es en la acción donde reside el verdadero crecimiento.

10
Entrenando tu inteligencia emocional

¿Te acuerdas de aquellas pruebas de CI (cociente intelectual) que hacíamos para determinar si éramos inteligentes o si teníamos dificultades de aprendizaje? Pues bien, el psicólogo Daniel Goleman descubrió que solo el 20 % del éxito de una persona está relacionado con su inteligencia cognitiva, es decir, con su capacidad intelectual. ¿Sabes a qué atribuye el otro 80 % del éxito? ¡A la inteligencia emocional!

Para mí, la inteligencia emocional es uno de los fundamentos esenciales de nuestra vida. Es un tema que me encanta discutir, enseñar y compartir con tantas personas como sea posible. Así que en este libro espero compartir contigo algunos de mis aprendizajes sobre ella.

No estoy sola en esta opinión. El trabajo pionero de Goleman en el campo de la inteligencia emocional se ha vuelto cada vez más relevante y estudiado, ya que se ha entendido que para ser feliz y exitoso, saber manejar nuestras emociones y las de los demás es tan crucial como tener un currículum excelente. En otras palabras, ya no importa tanto la escuela en la que estudiaste o si terminaste la educación secundaria. Hoy en día, el éxito se mide más por el nivel de inteligencia emocional que por el currículum.

Nadie quiere estar cerca de personas difíciles. El mercado laboral ya no tiene espacio para aquellos que no saben tratar con otras personas, que no pueden ponerse en el lugar del otro, que no crecen emocionalmente o que no pueden resolver problemas complejos.

«Pero, Irene —podrías decir—, ¡algunos problemas son demasiado grandes para mí! ¡No puedo hacer nada!». Te digo que, al pensar así, solo estás evitando enfrentarlos. ¿Y por qué evitas los problemas en tu vida? Porque no has desarrollado lo suficiente tu inteligencia emocional.

A su vez, tendrás herramientas para resolver problemas. Si analizas la historia, notarás que solo aquellos que supieron resolver problemas difíciles alcanzaron altos niveles de éxito y liderazgo. Entonces ¿cómo vas a crecer en la vida si no resuelves problemas? Y, peor aún, ¿cómo vas a crecer en la vida si huyes de ellos?

Piensa un poco: ¿por qué huyes? Porque tienes miedo. ¿Y por qué tienes miedo? Porque no sabes manejar tus emociones. ¿Y por qué no sabes manejar tus emociones? Porque nunca te has sentado a estudiar, practicar y aprender, ya que la inteligencia emocional se adquiere. Se entrena. Se desarrolla. No naces con ella. El intelecto, sí. No hiciste un curso para saber si tu color favorito es el azul o el verde. Miras el verde, miras el azul y respondes: «¡Me gusta más el azul!» o «¡Prefiero el verde!». Es decir, la capacidad cognitiva, la capacidad intelectual, nace contigo. Si hiciéramos una analogía con un coche, diríamos que la capacidad cognitiva es algo que viene de fábrica para el modelo *Homo sapiens*. Pero la inteligencia emocional no. Es necesario hacer un esfuerzo extra para adquirirla.

Siguiendo con la metáfora del coche, recordarás la época en que los airbags eran opcionales y costosos, ¿verdad? Sin embargo, su importancia para la seguridad del conductor y los pasajeros era tan grande que se convirtieron en obligatorios. Lo mismo ocurre con la inteligencia emocional. Las personas pueden conducir sus propias vidas, pero seguirán tomando decisiones incorrectas si no tienen inteligencia emocional. Sin ella continuarán sufriendo…

En mi experiencia como coach he encontrado muchos casos de personas que han perdido excelentes empleos por no saber cómo llevarse bien con su jefe. Por no poder manejar a un colega complicado. Por no desempeñar bien sus tareas debido a la presión de los objetivos u otras circunstancias. Algunos eran el «dolor de cabeza» de todos. Quejicas, habladores, vengativos, chismosos, auténticos saboteadores de la felicidad de los demás. Estas personas tenían currículos impresionantes, pero eran insoportables. ¡Inaguantables!

Por eso, no lo olvides: no menosprecies lo emocional, ¡tu cociente emocional es más valioso que tu cociente intelectual!

Dominio propio

Es probable que hayas oído hablar del dominio propio. Hoy en día, a esto lo llamamos autocontrol.

Tener autocontrol significa ser capaz de manejar tus emociones y evitar problemas causados por reacciones impulsivas.

Imagina de nuevo, como en un capítulo anterior, que vas en el coche y alguien se mete en tu carril de manera brusca y te insulta; con autocontrol puedes seguir conduciendo sin dejarte afectar. Pero el autocontrol va más allá: te permite desarrollar otro pilar crucial de la inteligencia emocional: la empatía. Esto implica ponerte en el lugar del otro y considerar que tal vez ese conductor llegaba tarde a una cita importante. Pobre de él.

Aunque parezca difícil de creer, actuar de esta manera es el secreto de la felicidad. Es esencial para ser no solo un buen profesional, padre o madre, y una persona económicamente próspera, sino también una persona feliz. Y ser feliz es, sin duda, uno de los mayores retos de la vida, lo que todos perseguimos de un modo u otro.

Encontrar el equilibrio emocional

Muchos de nuestros problemas comienzan en la adolescencia, cuando empezamos a compararnos con los demás. En ese momento tomamos conciencia de quiénes somos y de quiénes son las personas a nuestro alrededor, y esto puede afectarnos profundamente. Luego, en la adultez, surgen otros desafíos emocionales, como traiciones y problemas financieros, que nos desequilibran.

Todos tenemos problemas emocionales que debemos resolver. Es crucial encontrar una forma de mantenernos equilibrados. Si no nos entrenamos para desarrollar nuestra inteligencia emocional, estos problemas persistirán y seguirán afectando todas las áreas de nuestra vida.

¿Cuántas personas han visto destruirse sus familias porque no supieron cómo manejar las relaciones con sus hijos o con su pareja? ¿Cuántos han perdido oportunidades laborales porque no pudieron gestionar sus emociones? ¿Cuántos han perdido grandes sumas de dinero por no saber controlar sus reacciones?

Después de una crisis emocional, muchos se preguntan: «¿Por qué hice eso?», «¿por qué reaccioné de esa manera?». Todos hemos pasado por esto en algún momento.

¿Cómo podemos liberarnos de esta esclavitud emocional? Solo hay una forma: entrenando nuestras emociones. Siempre recomiendo en mis redes sociales que, si tu problema es emocional, leas libros sobre inteligencia emocional. Concéntrate en lo que estás enfrentando hoy. Ve vídeos, participa en conferencias y charlas sobre el tema. Rodéate de personas que comprendan tus dificultades.

Cuando tienes un problema financiero, por lo general recurres a un asesor o lees libros y ves charlas de finanzas. Lo mismo se aplica a las emociones. Si dices: «Quiero ser mejor emocionalmente» o «No quiero ser esclavo de mis emociones», solo hay una forma de lograrlo: rodearte de personas que estén emocionalmente equilibradas para que puedas aprender de su ejemplo. Lee y estudia sobre el tema. De lo contrario, nunca mejorarás.

La falta de autocontrol es una de las mayores barreras cuando hay desequilibrio emocional, porque siempre gastarás más de lo que ganas y harás cosas en contra de tus valores solo para ser aceptado. Estarás gobernado por el tiempo, dominado por el dinero y sumiso a los sentimientos, en lugar de ser dueño de ti mismo y autor de tu propia historia.

Muchos tienen problemas de autocontrol. Les resulta difícil mantenerse calmados cuando son provocados o contrariados de alguna manera. Hablo de aquellas personas que dicen «no me quedo callado ante una ofensa». Quienes no tienen autocontrol en un aspecto de su vida, probablemente no lo tendrán en otros. Y, si no puedes controlarte a ti mismo, difícilmente podrás liderar de forma eficaz y manejar tus relaciones con los demás.

Cómo tratar con personas difíciles

No puedo predecir el futuro, pero hay algo que te aseguro: a lo largo de tu vida tendrás que lidiar con muchas personas difíciles.

Probablemente ya has tenido esta experiencia, ¿verdad? Si aún no te ha tocado, no te preocupes, llegará el momento. Los conflictos en nuestras relaciones, ya sean profesionales, sociales o familiares, suelen surgir porque no tenemos suficientes herramientas para manejar personas complicadas. Pero estas personas siempre estarán presentes en nuestras vidas y no podemos evitarlas. Debemos aprender a tratarlas.

Ya sabemos que nuestra felicidad no depende de factores externos (como las personas), sino de factores internos (como nuestras decisiones). Por eso tienes que tomar el control y recordar siempre que cada persona tiene diferentes manías, diferente educación, diferente cultura y diferente interpretación del mundo (filtros mentales). Las personas tienen orígenes distintos y piensan de manera diferente a nosotros. Acostúmbrate a esto y aprende a superar las diferencias interpersonales.

Una de las herramientas claves de la inteligencia emocional aplicada es ser capaz de reconocer tus propios filtros mentales. Los filtros mentales son las percepciones y creencias que hemos formado a lo largo de nuestra vida, influenciadas por nuestras experiencias, cultura, educación y entorno. Estos filtros afectan cómo interpretamos el mundo y cómo reaccionamos ante diferentes situaciones.

Aquí te dejo algunas estrategias que aplico para manejar personas difíciles:

1. Practica la empatía: trata de ponerte en el lugar de la otra persona, porque entender su perspectiva puede ayudarte a manejar mejor la situación.
2. Establece límites claros y comunícalos de manera respetuosa, esto protege tu bienestar emocional y define cómo quieres ser tratado. No importa lo que los demás piensen o digan sobre cómo actúas, porque al final del día tu paz emocional es mucho más valiosa.
3. Mantén la calma, no permitas que las emociones negativas de los demás te afecten, porque, como digo, habrá muchas opiniones. Aférrate a tus valores y principios, a tus sentimientos, y practica técnicas de respiración o lee algún libro que refuerce tu sentimiento de tranquilidad, para responder de manera equilibrada.
4. Usa un lenguaje claro y directo, evita el sarcasmo y las críticas, enfócate en los hechos y en cómo te afectan las acciones de la otra persona en lugar de hacer ataques personales. Busca soluciones conjuntas en lugar de enfocarte en el problema, trabaja en equipo para encontrar una resolución satisfactoria para todos.

Entrenando tu inteligencia emocional

> 5. Por último sé paciente, porque cambiar comportamientos y actitudes lleva tiempo, sé paciente contigo mismo y con los demás.

De hecho, un consejo de vida que llevo siempre conmigo: no juzgar las reacciones o decisiones de los demás. Porque todo el mundo tiene sus propios motivos y experiencias que le llevan a actuar de esa manera. Y aunque no los entendamos ahora, debemos respetarlo.

Cualquier persona merece hacer lo que la hace sentir mejor en el momento que considera que eso es importante para ella. Al final ¿sabes cómo aprendes esto? A base de realidad. ¿Nunca has juzgado las acciones de alguien, hasta que te toca a ti la misma situación y acabas actuando de la misma forma que juzgaste? Gracioso, ¿no? ¿A quién no le ha pasado?

Por eso podemos decir que cuando nos liberamos del ego y de la identificación con la mente, si dejamos un espacio vacío de juicios en ella, logramos ser libres por completo. Sin dar lugar a malentendidos, discusiones, problemas ni conflictos. Cuando comprendemos desde el amor, desde nuestra propia esencia, no habrá ni ganas ni necesidad. Te das cuenta de que no vale la pena desperdiciar el tiempo en el drama.

Transforma tu pasado

Probablemente, cuando nos relacionamos con otros, nuestras culturas sean diferentes, lo que nos hace ver el mundo de formas distintas. Sin embargo, a pesar de estas diferencias, la cultura no determina el futuro de una persona. Yo soy lo que soy hoy a pesar de mi entorno.

La forma en la que fuiste criado no determina hacia dónde irás. Influye, pero no es un factor determinante. Es común culpar a otros por nuestras circunstancias: «La culpa es de que soy pobre», «la culpa es de mi padre que me abandonó», «la culpa es de Dios, que no me quiere», «la culpa es de alguien que me traicionó». Es mucho más fácil culpar a otros que asumir la responsabilidad por tu futuro y decir: «Hoy cambio yo».

Los filtros mentales, es decir, la manera en que ves el mundo, determinarán tu nivel de felicidad y si tendrás la energía emocional suficiente para alcanzar tus objetivos. No importa de dónde vienes ni lo que te hayan hecho.

¿Qué es lo que importa entonces? Lo que importa es lo que harás con todo eso. No puedes elegir tu origen ni decidir qué harán contra ti. La única cosa que puedes elegir y decidir es cómo reaccionarás a eso. La única cosa sobre la que tienes control es decidir qué harás con lo que te han hecho. Listo.

Entrenamiento emocional

Es esencial entrenar nuestras emociones. Todos tenemos grandes sueños en la vida. A veces esos sueños son tan grandes que ni siquiera nos atrevemos a hablar de ellos porque parecen imposibles.

¿Cómo crees que podrías hacer realidad esos sueños sin tener inteligencia emocional? ¿Sin aprender a ponerte en el lugar de los demás? ¿Cómo alcanzarás tus metas si no te alejas de las personas que no te hacen bien en el camino? ¿Piensas que todos siempre te tratarán bien y te elogiarán? Te aseguro que no. Muchas veces tendrás que enfrentarte a personas que te han herido y que no te quieren. En lugar de enfadarte y alejarlas, tendrás que aprender a manejar esas situaciones. Así es como actúan los líderes. Así es como se logran objetivos, se prospera, se avanza en el trabajo y se mantiene un equilibrio en la familia.

Espero que al leer este libro tengas una revelación, un momento de claridad: la comprensión de que debes estar emocionalmente preparado para alcanzar todo lo que mereces en esta vida. Si no estás preparado, no importa cuánto logres, siempre habrá sufrimiento. ¿Por qué? Porque no sabrás cómo manejar las adversidades que cada etapa de la vida presenta.

La vida emocional requiere práctica, y solo puedes mejorar aquello que conoces. Si aún no tienes un conocimiento profundo de ti mismo, tendrás que estudiar con dedicación, identificar tus debilidades y fortalezas, y empezar a trabajar en ellas. Por eso estás buscando este conocimiento aquí. Porque mereces una vida mejor. Puedes combinar todo lo bueno que tienes —tu fe, tu familia, tus conocimientos…— con inteligencia emocional para que las cosas sean más fáciles para ti.

Por ejemplo, las personas que no tienen inteligencia emocional y de repente ganan mucho dinero a menudo se pierden. Estas personas parecen perder su humanidad cuando disponen de dinero. Lo primero que hacen es abandonar a su familia.

Un día estaba en la fila de la administración de lotería, justo antes del sorteo de un gran premio acumulado. Me sentí tentada a jugar. ¿Quién no lo estaría? Había dos hombres mayores delante de mí conversando:

—Entonces ¿crees que esta vez ganarás?

—¡Esta vez estoy seguro! He tenido sueños con estos números…

—¿Qué harás con el dinero si ganas?

—Hombre, si gano esa fortuna, lo primero que haré es dejar a esa mujer que tengo en casa, ja, ja, ja.

Mira, bromeando o no, hablaba de su esposa, con quien llevaba años casado.

El dinero puede destruir la vida de quien no tiene inteligencia emocional. Algunas personas dicen que el dinero y el poder corrompen a las personas. ¡Mentira! No corrompen nada. El dinero y el poder solo potencian lo que ya llevas dentro. Porque con cinco euros en el bolsillo no puedes presumir. No puedes abandonar a la mujer que hace de todo por ti. Así que la gente se queda tranquila.

La realidad de la riqueza

Todos queremos ser ricos: viajar en primera clase, conducir coches de lujo y olvidarnos de las deudas. La verdad es que solo vemos los beneficios de la riqueza, pero normalmente no estamos emocionalmente preparados para manejar lo que implica.

Muchas personas desean cosas, pero en realidad no saben lo que quieren. Cuando obtienen lo que desean, enseguida buscan el siguiente objetivo, porque no era el objeto lo que querían, sino el resultado. Sin inteligencia emocional, ni siquiera sabrás qué quieres realmente en la vida ni podrás manejar los problemas que surgirán en el camino hacia tus objetivos.

¿De verdad crees que alcanzarás tus metas sin enfrentar dificultades? Todos tenemos días malos y serán esos días los que prueben tu fortaleza. Es fácil estar bien cuando todo va bien, pero ¿cómo reaccionas cuando alguien te molesta, te irrita o te contradice? En esos momentos es cuando defines quién eres y tomas decisiones importantes sobre tu futuro.

Con una fuerte inteligencia emocional, no solo alcanzarás tus metas, sino que también podrás disfrutar de los beneficios sin ser abrumado por los problemas que puedan surgir de tu nueva realidad. La verdadera riqueza no solo se mide en dinero, sino en la capacidad de manejar tus emociones y relaciones de manera efectiva.

Piénsalo bien, ¿cómo se vuelve exitoso alguien? Aprovecha oportunidades y genera más oportunidades. ¿Por qué algunas personas nunca logran prosperar? No es porque no tengan acceso a los recursos, sino porque nunca logran superar la primera dificultad. Ante el primer obstáculo se rinden por miedo y nerviosismo. A estas alturas, ya deberías haber notado que todo en la vida gira en torno a cómo manejamos nuestras emociones, ¡y es verdad!

Yo también solía ser nerviosa y tenía muchos miedos. Pero pasé por un proceso para enfrentar cada uno de ellos. Empecé a entrenarme, a desarrollar el autocontrol. Por ejemplo, antes, cuando iba a una fiesta, comía y bebía en exceso para pasarlo bien. ¿Cuál fue el resultado de eso? No tenía autocontrol en ningún aspecto, porque todo está interconectado en el cerebro. Así que, cuando alguien me hacía una crítica, reaccionaba de forma exagerada.

Recuerdo que, cuando tenía veinte años, en una discusión con un amigo perdí los estribos y dije cosas de las que me arrepentí al instante. Aunque tenía fe y era una persona educada, permití que mis emociones me dominaran. Tuve que reconocer que estaba emocionalmente desequilibrada. Y es muy difícil admitir tus debilidades, tus carencias emocionales. Pero cuando lo reconoces, ya has dado un gran paso hacia la curación.

Te dejo un pensamiento para que lo recuerdes: cada uno de nosotros debe vencer a un enemigo, y ese enemigo está en nuestras emociones.

Una vez en una charla con mi familia, profundamente creyente, dije algo que les sorprendió muchísimo. Les dije: «El autoliderazgo es más importante que la fe». ¡Deberías haber visto sus reacciones! Añadí: «Calma, voy a explicarlo». Tomé ejemplos de la vida diaria y continué: «Si estás peleado con tu pareja, tu capacidad para tomar decisiones acertadas se ve afectada. La oración es una cuestión de fe, la pelea es una cuestión de autoliderazgo. Si debido a la falta de autoliderazgo peleas con tu pareja, tu capacidad para liderar tu vida se paraliza». Empezaron a mirarse entre sí, lo comprendieron.

Puedo estar junto a una persona de gran fe y muy correcta. Pero si un día me ofende de alguna manera, aunque sea sin intención, no importará lo que piense de su vida espiritual; dejaré de estar a su lado. ¿Por qué? Porque las emociones pesan más que la vida espiritual. ¿Por qué? Porque los seres humanos somos emocionales. Por eso hemos perdido mucho, tanto en la fe como en el trabajo y en la familia. No teníamos la capacidad para manejar situaciones difíciles.

Esto es tan serio que a menudo terminamos siendo ingratos con quienes más nos han ayudado. Una persona que nos ha ayudado durante años puede habernos herido en algún momento. Y, cuando no tenemos la capacidad de liderar nuestras emociones, solo nos enfocamos en esa herida y olvidamos los años de bondad. Practicamos la ingratitud, dañamos la honra como seres humanos y comenzamos a caer en abismos emocionales de los que es difícil salir. Para evitar esto, es crucial desarrollar autoliderazgo.

Cuando haya un día difícil

Todo el ajetreo que experimentamos en este siglo se debe, en gran parte, a la ansiedad. Vivimos en un mundo superconectado, cada vez más ruidoso y rápido, donde a menudo no tenemos tiempo para procesar todo lo que sucede a nuestro alrededor ni para planificar de manera concreta nuestro futuro. Como resultado, la ansiedad se hace cada vez más presente en nuestras vidas.

La ansiedad es un estado mental en el que nos sentimos inquietos o incluso asustados, todo por imaginar situaciones que no nos gustan o que creemos que podrían ser peligrosas. Se manifiesta cuando anticipamos algo y nos preocupamos por ello, incluso sin tener certeza de que realmente sucederá.

La palabra «ansiedad» tiene su origen en el latín *anxietas*, que se traduce como angustia o preocupación. Describe a alguien que se siente emocionalmente inestable y tenso, con síntomas como opresión en el pecho o sensación de ahogo. Este estado puede ser desencadenado tanto por factores internos de la persona como por situaciones externas.

En mi experiencia trabajando con personas día tras día, he notado que la ansiedad suele estar muy relacionada con el pesimismo y muchas veces va de la mano con la depresión, llevando a quien la padece por caminos bastante complicados.

Es fundamental aprender a manejar la ansiedad o, al menos, saber cómo gestionar los momentos en los que esta se hace presente. Creo que es un proceso de refinamiento personal, de mejorar paso a paso, evolucionar de manera constante y sostenida para no caer presos de la ansiedad ante los retos y las incertidumbres con las que debemos convivir. Y, desde luego, es esencial ser conscientes de cuándo necesitamos buscar ayuda profesional si nos enfrentamos a situaciones de ansiedad más complicadas.

Hasta cierto punto, la ansiedad puede verse como algo natural, una respuesta humana que nos prepara para afrontar diversas situaciones. Pero es crucial no permitir que esta respuesta alcance niveles que impacten negativamente en nuestra vida. Por eso prefiero mirar la ansiedad desde otra perspectiva: desde su lado positivo, aquel que nos motiva a seguir adelante con el deseo de alcanzar nuestros sueños.

La ansiedad positiva es esa sensación de expectativa emocionante, el presagio de algo genial que está por ocurrir. Es ese cosquilleo en el estómago, esa ansiedad manejable y agradable por algo maravilloso en el horizonte, como puede ser el inicio de un viaje fantástico, una promoción laboral, un reconocimiento merecido o la llegada de un nuevo miembro a la familia.

Entrenando tu inteligencia emocional 153

Nuestro mayor cuidado debe ser con ese tipo de ansiedad que considero depredadora: un sentimiento negativo, que suele surgir cuando nos encontramos en una situación sobre la cual no tenemos control, en especial cuando nos proyectamos mentalmente hacia un futuro que tememos. Se trata de un estado de preocupación o miedo causado por la anticipación de posibles situaciones negativas, que muchas veces son muy improbables.

Esta tendencia a vivir en el futuro, preocupándonos por cosas que imaginamos que podrían pasar, está relacionada con la «preocupación». La preocupación es el mal uso de nuestra imaginación, esos momentos en los que comenzamos a imaginar solo escenarios negativos para nuestro futuro o el de otros, generándonos ansiedad en el presente.

Para ayudarte a tener un mayor control sobre la ansiedad y reforzar tu actitud de triunfador, voy a compartir contigo algunos puntos clave que aplico en mi día a día y que tratan sobre entender que, aunque es imposible controlarlo todo, sí podemos controlar cómo respondemos a lo que nos sucede.

Piensa que en la vida hay tres grandes botes: el de las cosas que podemos controlar e influir sobre ellas, el de las cosas que no podemos controlar, pero sí influir sobre ellas, y el de las cosas que ni controlamos ni influimos.

Reconocer en cuál de estos botes se encuentra lo que te preocupa te ayudará a enfocarte en lo que realmente puedes cambiar o influir, reduciendo así la ansiedad innecesaria y potenciando tu capacidad para liderar tu propia existencia de manera efectiva.

En mi caso dedico el 80% de mi energía a las cosas sobre las que tengo control e influencia, aquellas que dependen directamente de mí y en las que puedo actuar de inmediato. Por ejemplo, si decido mejorar mi salud o aprender una nueva habilidad, estoy en total control y puedo influir directamente en el resultado con mis acciones.

Ahora bien, hay cosas sobre las que no tengo control, pero puedo ejercer cierta influencia. Un buen ejemplo podría ser mi red de contactos profesionales. No puedo controlar las decisiones o acciones de estas personas, pero sí influir en nuestra relación a través de la comunicación efectiva, el apoyo mutuo y la construcción de una red de confianza. Puedo ofrecer mi ayuda, compartir conocimientos o simplemente estar ahí para escuchar, lo que puede fortalecer estos lazos, aunque al final la forma en que ellos decidan interactuar conmigo está fuera de mi control.

Luego están esos aspectos de la vida sobre los que no tengo ni control ni influencia. Por ejemplo, el clima. No tiene sentido preocuparme por si lloverá o hará sol durante un evento importante; eso está fuera de mi alcance. Preocuparme por ello no cambiará la situación, por lo que en estos casos mi enfoque está en adaptarme y prepararme para cualquier eventualidad en lugar de dejar que la ansiedad tome el control.

Por lo tanto, siempre estoy evaluando estas tres categorías y me concentro principalmente en aquellas donde sé que puedo marcar la diferencia. Esto me ayuda a dirigir mi energía de manera más efectiva y a mantener la ansiedad a raya, lo que me permite ser la líder de mi propia vida y tomar decisiones basadas en lo que está en mi mano cambiar o en las que puedo influir.

No te fijes en los obstáculos

Esta es una analogía que surge de una experiencia personal mía, pero no relacionada con conducir motocicletas, sino con algo un poco más cotidiano: correr en un parque. Cuando empecé a correr, solía distraerme fácilmente con los obstáculos del camino, como raíces o piedras. Un amigo que corría conmigo me aconsejó enfocarme en el camino de delante, no en los obstáculos. La lección aquí es clara: lo que captura tu atención se agranda en tu mente. Si te concentras en los obstáculos, estos se convierten en todo lo que puedes ver, aumentando el riesgo de tropezar con ellos. Al mantener tu vista en el camino que tienes delante, evitas caer en la trampa de los obstáculos y mantienes tu ansiedad bajo control.

Consciente de los obstáculos y sabiendo que deben evitarse, una vez que has reconocido el camino y conoces los riesgos para asegurar una buena carrera, enfócate en el trayecto y avanza. No dejar que los obstáculos capten toda tu atención te ayudará a mantener la ansiedad a raya.

Reserva y cuida tus espacios de descanso

Esta estrategia me ha sido de gran ayuda. Mis espacios de descanso son zonas específicas que elijo para desconectar y recargar energías y están diseñados para ser totalmente positivos. Son mi refugio personal, donde solo permito la entrada de buenas vibraciones. Estos lugares pueden ser tan variados como una habitación tranquila en mi casa, adornada con plantas y colores suaves que invitan a la calma o un parque cercano donde el sonido de la naturaleza me reconecta con la serenidad.

Uno de mis espacios favoritos es un pequeño rincón en mi hogar donde tengo una silla cómoda, una manta suave y que está cerca de una ventana que da al jardín. Allí me tomo tiempo para leer, meditar o simplemente observar el mundo exterior sin prisa. Otro de mis lugares es una cafetería tranquila con una atmósfera acogedora, donde el aroma del café y el suave murmullo de fondo crean el ambiente perfecto para reflexionar o escribir.

Incluso tengo un espacio virtual: una lista de reproducción de música que me calma y me transporta a un estado de relajación profunda, sin importar dónde me encuentre. También practico yoga en un pequeño estudio que he acondicionado en mi casa, rodeado de elementos que me inspiran paz y concentración.

Estos lugares son como estaciones de carga para mi bienestar, donde puedo conectarme para recargar mis baterías, revitalizarme y reenergizarme. Al reservar y cuidar estos espacios, me aseguro de tener siempre un sitio al que puedo ir para escapar del ruido y las demandas del día a día, permitiéndome recogerme, encontrar paz y mantener mi ansiedad a raya. Son esenciales en mi práctica del liderazgo de vida, y me guían hacia una existencia más plena y equilibrada.

Establece una rutina con actividades que te beneficien

En mi agenda, siempre incluyo rutinas de cosas que me hacen bien y que ayudan a regular mi ansiedad y mi nivel de estrés. Por ejemplo, valoro mucho el tiempo dedicado a la actividad física, a leer y a estudiar. Estas prácticas forman una parte fundamental de mi día a día.

A menudo veo que las personas hacen lo contrario: cuando afrontan un día particularmente difícil, en lugar de recurrir a actividades que les reconfortan, tienden a aislarse, diciendo cosas como «hoy no tengo ganas ni de salir a caminar», aunque saben que caminar les aliviaría. Si tu día está siendo complicado, es aún más importante integrar en tu agenda esas acciones que te aportan bienestar para ayudarte a regresar a tu equilibrio natural y recuperar tu energía positiva.

Por ejemplo, si la música te levanta el ánimo, asegúrate de dedicar un momento del día para escuchar tus canciones favoritas, sobre todo en aquellos días agitados. Si estar al aire libre te relaja, haz un espacio para dar un breve paseo por el parque. La clave está en reconocer esas pequeñas cosas que encienden tu chispa interior y comprometerte a hacerlas regularmente.

Practica la gratitud siempre

Para mí, agradecer significa atraer hacia uno mismo la bondad del universo. Es una manera de comenzar a manifestar lo que deseas en tu vida. Una pregunta que escuché una vez y que realmente me ayuda a apreciar cada día es: «Si te despertaras mañana y solo tuvieras lo que agradeciste hoy, ¿qué tendrías?».

Esta pregunta me impulsa a reflexionar sobre las bendiciones diarias, desde las más grandes hasta las más pequeñas, y a expresar gratitud por ellas. Ya sea agradeciendo por un techo sobre mi cabeza, por la comida en mi mesa o por los momentos compartidos con seres queridos, cada acto de gratitud me reconecta con la abundancia de mi vida y fortalece mi actitud positiva. Incluso en los días más desafiantes, encontrar algo por lo que estar agradecido puede ser un poderoso recordatorio de que, no importa lo que esté sucediendo, siempre hay aspectos de nuestra vida que merecen ser celebrados.

Hazte amigo de las consecuencias

Lo importante es tratar de calmar la ansiedad para poder vivir más tranquilo y en paz contigo mismo. Para mí, mantener la calma es como un acuerdo que hago conmigo: pase lo que pase, todo estará bien. Digo esto porque, aunque he cometido errores, nunca lo hice queriendo hacer daño. Y eso es lo que marca la diferencia.

Por poner un ejemplo, no nos gusta la mentira porque mentir es hacer algo malo a propósito. La persona que miente sabe que está mal, pero aun así lo hace. Eso ya dice mucho de su carácter.

Es valioso equivocarse intentando hacer lo correcto porque muestra que lo intentaste. Reconocer un error es parte de aprender. Te vuelves más fuerte cuando aprendes a vivir con las consecuencias de lo que haces. Si haces lo mejor que puedes con buenas intenciones, salgan bien o mal las cosas, siempre ganarás algo, ya sea éxito o sabiduría.

Aleja tu mente de las preocupaciones

Preocuparse es un hábito en el que podemos caer fácilmente, así que es importante estar atentos. Preocuparse quita mucha energía y nos aleja de disfrutar el momento. En lugar de dejarte llevar por la preocupación, busca hacer cosas que te gusten o te relajen, como un deporte, una afición o pasar tiempo con amigos o familia. Al centrarte en cosas positivas en lugar de en tus preocupaciones, no solo bajas tu nivel de ansiedad, sino que también te sientes mejor en general. Cambiar tu enfoque te permite llevar tu vida de una manera más tranquila y con una mejor actitud frente a los retos.

Puede sonar un poco loco, pero hay personas que se preocupan demasiado porque han practicado mucho el arte de preocuparse. Y es que te vuelves muy bueno en aquello que practicas a menudo. La preocupación es como un vicio: cuanto más la usas, más quieres usarla. Y más te controla.

Por eso, cada vez que sientas preocupación, es crucial desviar tu atención de ella, porque si no, la haces más fuerte y más dominante hasta que te llena por completo.

Lo bueno es que, así como puedes entrenarte para preocuparte, también puedes entrenarte para no hacerlo. Todo se puede aprender con práctica. Solo necesitas un poco de tiempo para mejorar en ello.

Muchas veces me empiezo a preocupar por algo y luego decido que no me voy a dejar llevar por ello. Dejo de pensar en el problema y me enfoco en el presente, que es donde realmente puedo controlar y hacer un cambio en mi vida. Volviendo a la idea de los botes, es en el día a día donde tengo el poder de influir en mi vida. Al principio, cuando empecé a practicar el no preocuparme, me costaba mucho y no siempre veía resultados. Pero con el tiempo se convirtió en un hábito y ahora no me preocupo por cualquier cosa.

Tres maneras de decir adiós al estrés negativo

Aparte de las estrategias que ya hemos visto, hay otras maneras efectivas de mantenerte alejado del estrés negativo y, de paso, acercarte a tus metas:

1. Deja de sumergirte en negatividad

Es hora de cortar con el drama, el pesimismo y la atracción de malas vibras.

¿Y cómo lograrlo? Un gran paso es dejar de quejarte constantemente, moverte hacia la acción y evitar caer en la trampa del ocio. Este último puede ser una elección personal —cuando decides no hacer nada por alguna razón— o el resultado de sentirte derrotado de antemano.

Demasiada preocupación te deja inmóvil, atrapado en un bucle de «¿y si todo sale mal?». Esta manera de pensar te drena, quitándote las fuerzas necesarias para emprender acciones que te acerquen a tus sueños.

A menudo no hacer nada es el resultado de estar siempre en modo queja, criticando todo lo que va mal, en lugar de enfocarte en lo que realmente puedes hacer para mejorar tu situación. Romper con el ciclo de las quejas es crucial si de verdad deseas avanzar.

Quizá hayas vivido momentos que te dejaron bastante

afectado, que te dolieron profundamente. Puede ser una discusión con alguien importante para ti, la pérdida de un ser querido, o cualquier otro revés de la vida o situación complicada que apareció sin más. Eso te sacudió, te robó energía y te dejó mal. Y, justo en ese momento, alguien te aconsejó: «Mantén tu mente ocupada».

¿Alguna vez te has preguntado por qué alguien te aconsejaría mantener tu mente ocupada? Bueno, es porque hay algo muy cierto en eso: ponerte en acción realmente ayuda a disipar las preocupaciones y el miedo. Cuando estás enfocado en hacer algo, sea lo que sea, tu mente se relaja un poco. Si estás pasando por un momento difícil, herido a nivel emocional o simplemente te sientes mal, lo mejor que puedes hacer es moverte y empezar a crear algo que valga la pena. No te quedes parado sin hacer nada. Mantente activo y verás cómo, poco a poco, las cosas empiezan a verse más claras y te das cuenta del gran poder que tienes para cambiar tu situación y la del mundo a tu alrededor.

2. Haz lo que realmente importa

A decir verdad, la idea de «mantenerse ocupado» no me convence del todo, porque suena a que estás buscando cualquier cosa para distraerte, y eso no necesariamente significa que estás haciendo algo útil o significativo para ti. Es importante ser consciente de esto.

Hay una gran diferencia entre estar realmente ocupado en algo que te apasiona y tan solo llenar tu tiempo con actividades que no te llevan a tus objetivos. No es lo mismo estar ocupado que ser genuinamente productivo. Llamo a las personas que se pasan el tiempo haciendo cosas sin un propósito claro o sin obtener resultados «falsamente productivas».

Caer en la trampa de la falsa productividad es como estar cavando un hoyo sin avanzar; te sientes ocupado, incluso puedes sentir que estás logrando algo, pero en realidad solo estás perdiendo el tiempo.

Por eso introduzco este matiz: mantente en movimiento, pero asegúrate de hacer lo correcto. No basta con hacer bien las cosas, si no estás haciendo lo que realmente necesita ser hecho. Cuando combinas estas dos ideas —hacer lo correcto de la mejor manera— ahí es donde surge el verdadero éxito y se obtienen los mejores resultados.

Actuar de manera acertada es un remedio muy eficaz. Si tiendes a preocuparte demasiado, haz eso que sabes que debe hacerse. Cuando estás ocupado realizando algo valioso, no te queda tiempo para distraerte con tonterías o pensamientos negativos.

3. Cultiva relaciones positivas

Tener relaciones positivas es otra gran estrategia para fortalecerte, salir del ciclo de quejas y adoptar una actitud más ganadora. Contar con un círculo de amigos y conocidos que te aporten buena vibra puede ayudarte a mantener tu energía en alto.

Nadie es perfecto ni completamente autosuficiente, ni capaz de mantener siempre el equilibrio emocional sin necesitar ayuda de vez en cuando. Todos necesitamos apoyo.

En un círculo de relaciones positivas, las personas tienden a aportarte algo valioso, nunca restan ni disminuyen. Rodearte de un ambiente donde todos contribuyen positivamente, añadiendo cosas buenas y sentimientos enriquecedores, te impulsa hacia las acciones correctas.

Estamos hechos para vivir en comunidad. No es casualidad que sintamos una fuerte necesidad de formar parte de algo más grande que nosotros mismos, como una familia o un equipo. Tener a otros en nuestra vida nos brinda una perspectiva más amplia de nosotros mismos y una visión más optimista del futuro.

Por el contrario, la soledad fomenta el pesimismo y nubla nuestra claridad mental. Si careces de un grupo de amigos con quienes intercambiar ideas, desahogarte, discutir un desafío o recibir retroalimentación, es probable que te encuentres solo a menudo, lo que te hace vulnerable a la negatividad y pone en peligro tus sueños y calidad de vida.

Se dice que la forma más cruel de matar a alguien sin tocarlo es abandonarlo en una isla desierta, sin contacto con otros. La soledad es tan dura y causa tal sufrimiento que el castigo más severo y temido en las prisiones es el aislamiento. Estar solo demasiado tiempo puede volver loco a cualquiera.

Cuando estás solo y no cuentas con el apoyo de personas positivas a tu alrededor, es más probable que te inclines a pensar en lo peor. Tendemos a preocuparnos más por lo malo que podría suceder en cualquier situación.

No todos los días te levantas motivado, contento con la vida o con una actitud positiva. Habrá días en que necesitarás que alguien te sacuda un poco para despejar la negatividad de tu mente. Contar con una persona increíblemente positiva, llena de buenos valores y que sea un ejemplo a seguir es un verdadero tesoro. Alguien que, con solo llamarte, ya te hace sentir mejor, incluso antes de saber de qué quiere hablar. Incluso si te va a regañar, de alguna manera te alegras de hablar con esa persona porque sabes que te ofrecerá una crítica constructiva. Siempre intentará levantarte el ánimo, motivarte e inspirarte.

No solo nutras a quien eres hoy, sino también a quien quieres ser

Recibir palabras de ánimo en un día difícil de alguien que te dice que cree en ti, que eres mucho más de lo que piensas, que tienes la capacidad de seguir adelante y triunfar, no tiene precio.

Nutrir tu mente con pensamientos positivos debería ser parte de tu rutina diaria, igual que alimentar tu cuerpo. Necesitas comer regularmente y prestar atención a la calidad de lo que consumes. Pero hay algo que muchos olvidan: no solo debes pensar en nutrir el cuerpo que tienes ahora, sino también en alimentar el cuerpo que deseas tener. Lo que comes hoy sacia el hambre de tu cuerpo actual, pero también determinará el cuerpo que tendrás mañana. Lo mismo ocurre con nuestra mente y nuestra forma de pensar. No solo debes cuidar de la persona que eres hoy. También necesitas nutrir a la persona en la que deseas convertirte. Es crucial construir la mentalidad de quién quieres ser y dirigir tu mente hacia eso.

Los «alimentos» esenciales para desarrollar nuestra forma ideal de pensar incluyen vídeos inspiradores, audiolibros útiles, buenos libros, compañías enriquecedoras, documentales interesantes y relaciones saludables. Tienes que sembrar buenas semillas en tu cerebro.

Es vital tener cuidado con lo que siembras. Para potenciarte a ti mismo, no basta con evitar sembrar negatividad en tu mente; tampoco puedes dejarla estancada. El error que cometen muchas personas es pensar que, si no plantan nada en su cabeza, nada crecerá. Pero la realidad es diferente. No sembrar nada significa que crecerán malas hierbas. Donde no se siembra nada, siempre aparecen malas hierbas. Por eso, sí que tienes que sembrar, y sembrar cosas buenas. Introduce buenos pensamientos en tu cabeza todos los días. Necesitas mantener tu mente ocupada con ideas constructivas y llenas de positividad. Si no nutres tus pensamientos con las ideas adecuadas, no podrás generar ideas positivas ni propósitos que lleven a mejores resultados.

Recuerda: no sembrar nada no evita que crezca algo; y lo que crezca no te gustará. Siempre que dejas un espacio vacío, algo indeseado encontrará su camino allí.

También es importante recordar que las semillas no germinan en cemento. Si la tierra de tu mente es rocosa, dura y estéril, es hora de trabajar en suavizarla. Rodéate de gente que impulse tu capacidad de actuar, que eleve tus emociones, tu espíritu y tu felicidad. Transforma tu interior en un ambiente propicio para que broten, crezcan y fructifiquen pensamientos y planes positivos y constructivos.

¿Por qué te animo a que te potencies y lideres tu propia vida? Porque mi objetivo es sacudirte, provocar ese cosquilleo de cambio dentro de ti, despertar esa chispa de querer hacer algo diferente. Porque el primer paso hacia cualquier transformación significativa comienza con la decisión de cambiar.

Al decidir que quieres cambiar, ya estás en el camino hacia tu propio liderazgo y transformación. Tienes esa inquietud que te llevará a actuar y mejorar en aquellas áreas de tu vida que sabes que pueden estar mejor. Es en ese deseo de cambio donde nos vamos a centrar para maximizar tus resultados, alcanzar tus metas y, de paso, contribuir a hacer del mundo un lugar mejor.

Para dejar tu huella en el mundo, cambiar tu realidad y ayudar a cambiar la de quienes te rodean, es crucial que te conozcas, aprendas, practiques y ejercites el poder de fortalecer tu autoestima. Con una autoestima elevada, serás capaz de visualizar todo el cambio que eres capaz de generar, creer en tu poder para actuar y definir resultados exitosos.

La autoestima es ese sentimiento de valoración hacia uno mismo, derivado de la confianza en nuestras propias habilidades y cualidades. Esta confianza en ti mismo es la base sobre la cual puedes construir tu liderazgo personal.

La autoestima y la autoconfianza son pilares en el proceso de transformación en tu propio líder. Mientras que la autoestima refleja cómo te percibes a ti mismo en relación con los demás, la autoconfianza se enfoca en tu creencia en tus propias capacidades y en tomar las riendas de tu vida. Por lo tanto, fortalecer tu autoestima y tu autoconfianza no solo te prepara para afrontar desafíos, sino que también te posiciona como el líder de tu propia existencia, listo para dirigir tu vida hacia tus sueños y objetivos. Este es el mensaje central del libro: ser tu propio líder, valorarte y creer en ti mismo es el primer paso hacia una vida de éxito y plenitud.

La autoconfianza también tiene que ver con hasta qué punto crees estar listo para los desafíos que enfrentarás, hasta qué punto piensas que otros confiarían en ti en situaciones críticas.

Es crucial entender bien el término «confianza». Proviene del latín *confidere*, que se traduce como creer con firmeza o tener plena fe. Parte de la palabra latina *fides*, que significa fe. Así, podemos decir que tener confianza es avanzar con mucha fe.

Quiero destacar dos puntos importantes que nos ayudan a fortalecer nuestra autoestima y autoconfianza.

Uno es el logro. Detente un momento y pregúntate: ¿cuál es un pequeño logro que puedo alcanzar hoy que me acerque a mi meta? Pero tiene que ser algo pequeño y alcanzable hoy mismo. No sirve decir que vas a estudiar en el extranjero, ya que eso no es un pequeño triunfo y no puedes completarlo hoy. Un pequeño logro podría ser levantarte treinta minutos más temprano para adelantar una tarea, leer algunas páginas de un libro o hacer cinco llamadas más de lo habitual en tu trabajo. Busca una victoria modesta, pero que te impulse un paso más cerca de tus grandes objetivos.

Esto aumentará tu historial de éxitos y tu fe en ti mismo, y comenzarás a verte con más seguridad. Y tu autoconfianza impulsará tu autoestima, creando un ciclo positivo que te llevará hacia adelante, hacia la conquista de logros más grandes.

Otro aspecto que debes considerar para elevar tu autoestima y tu autoconfianza es mejorar dos herramientas clave para la interacción social: tu manera de vestir y tu forma de hablar. Vestirte bien puede cambiar hasta tu postura. Mejorar tu vocabulario incrementa tu confianza. Al aprender una nueva palabra o una manera más adecuada de expresarte, no solo comunicas mejor, sino que también mejora la forma en que los demás te ven. Cuando te vistes y hablas bien, te sientes con más poder. Es crucial entender que autoestima y autoconfianza van de la mano, ambas se complementan y son esenciales para quienes buscan el éxito.

Las tres A: autoestima, amor propio y autoconfianza

¿Por qué es tan importante tener autoestima? ¿Por qué es esencial quererse a uno mismo? ¿De verdad tiene que ser amor? ¿No basta con un simple «me caigo bien»?

La respuesta es sencilla: la autoestima y el amor propio son súper importantes porque afectan todas las áreas de nuestra vida. Si no estamos bien con nosotros mismos, nuestra carrera, nuestras relaciones y nuestra vida en general no avanzarán bien. O tal vez sí, pero será un proceso más lento y lleno de sufrimiento y estrés innecesarios. Sentiremos que todo es más complicado y difícil, como si hubiera una barrera invisible que nos impidiera alcanzar nuestros objetivos.

Según la psicología, quienes no tienen amor propio y autoestima son emocionalmente débiles, o incluso pueden llegar a estar enfermos a nivel emocional. Mis preguntas son: ¿te gusta estar contigo mismo? ¿Te quieres?

La autoestima se mide por cuánto te gustas a ti mismo, el valor que te das y cuánto te amas. Durante mucho tiempo luché por aumentar mi autoestima y puedo decir que fue una de las experiencias más desafiantes de mi vida. Cada día me enfrentaba a un diálogo interno crítico, una voz que constantemente me decía que no era suficiente. Era una batalla llena de momentos en los que parecía que no había esperanza de mejorar. Recuerdo días en los que me iba a dormir pensando en el sueño que sería despertar al día siguiente sin las inseguridades que me paralizaban. Al menos era consciente de que estaba afectando no solo a mi estado emocional, sino también a mis relaciones y mi carrera. Estaba atrapada en un ciclo de autocrítica e infravaloración que parecía interminable.

Cuando empecé a buscar trabajo a los dieciocho años, me sentía muy insegura al ver a otros en entrevistas y procesos de selección. Decidí decir «sí» a todas las oportunidades, aceptando que cometería errores, pero sabiendo que era el único camino para construir mi autoconfianza. Con el tiempo empecé a dar pequeños pasos. Empecé a exponerme a experiencias en las que comprobé que era capaz de lograrlo. Fue un proceso lento y lleno de altibajos, pero nunca perdí mi enfoque en querer superar y enfrentar mis inseguridades.

No sabía cuándo, pero sabía que lo conseguiría. Poco a poco empecé a ser más compasiva conmigo misma. Comencé a reconocer mis logros, por pequeños que fueran. Mi vida cambió cuando entendí que en el camino no existen puntos de inflexión clave, sino pequeñas decisiones diarias que marcan la diferencia en el resultado final.

Piensa en el área donde hoy tienes más dificultades y pregúntate: si fuera una persona con autoconfianza en esta área, ¿cómo actuaría? ¿Qué estaría haciendo diferente?

Existe un gran mito que dice que primero necesitas sentirte seguro para luego actuar. Muchas personas piensan: «Cuando me sienta mejor y más confiado, entonces lo haré». Pero la realidad es que eso nunca sucederá si no empiezas a actuar. Al practicar te das cuenta de que puedes hacerlo, recibes comentarios positivos y ves resultados, y estos resultados son los que te animan a continuar.

Imagina la autoconfianza como un pequeño ser al que necesitas alimentar. Si lo alimentas afrontando tus miedos e inseguridades, la autoconfianza crecerá. Pero si te quedas estancado y escondido por miedo e inseguridad, ese pequeño ser se quedará débil y escuálido.

La práctica es la clave y cada día tenemos oportunidades para enfrentar nuestros miedos. Porque, al fin y al cabo, ¿cómo puede una persona sin autoconfianza tener la vida que quiere? Muchas veces alguien con baja autoestima ni siquiera aspira a tener una vida espectacular. Para esa persona, una vida normal, sin grandes problemas, ya es suficiente.

Pero ¿por qué pasa esto? La autoestima está ligada a la autoimagen, y esta se forma a partir de los reflejos que recibimos a lo largo de nuestra vida. Si has construido la idea de que una vida que no está mal, es decir, una vida sin grandes peleas, sin precariedad económica y emocional, ya es una buena vida, imagina, una vida increíble no entraría en tu mente.

Esa es una de las consecuencias de tener baja autoestima: te conformas con poco. Quiero dejar claro que conformarse con poco no significa, de ninguna manera, no ser agradecido por lo que ya tienes. Ser agradecido es importante y constituye un aspecto fundamental de una vida satisfactoria. Sin embargo, la gratitud no debe ser una excusa para no aspirar a más.

Cuando tienes baja autoestima, te acostumbras a conformarte con lo mínimo, porque crees que no mereces más. Aceptas situaciones y relaciones mediocres porque piensas que eso es lo mejor que puedes conseguir. Pero al trabajar en tu autoestima y empezar a valorarte, te das cuenta de que mereces mucho más que lo suficiente. Mereces una vida que te haga sentir vivo, pleno y feliz.

Por eso es tan importante trabajar en la autoestima y el amor propio. No solo afecta cómo te ves a ti mismo, sino también a lo que crees que puedes lograr y lo que te permites recibir de la vida. Cuando empiezas a valorarte, comienzas a aspirar a una vida increíble, una vida ¡UAU!, porque sabes que lo mereces.

Detrás de cada comportamiento o falta de comportamiento de una persona hay mucho más de lo que parece. Un comportamiento puede ser decir «te amo» a alguien, mientras que una falta de comportamiento es no expresar lo que se siente. Cada acción o inacción tiene un motivo, ya sea consciente o no. Al entender esto, se logran dos cosas esenciales: primero, comprenderte mejor a ti mismo y a los demás; segundo, hacerte más libre. Libre para tomar tus decisiones, libre para decir «no quiero seguir con esta vida, quiero y decido tener una vida increíble. Merezco una vida extraordinaria y nada menos que eso». Conocerse a fondo a uno mismo, comprender a los demás y alcanzar la libertad es realmente algo extraordinario.

Existe un principio que dice que si una persona —niño, joven o adulto— tiene una autoestima elevada, tendrá éxito. Pero la pregunta es: ¿por qué funciona así?

Las investigaciones indican que las personas con alta autoestima, sin importar su edad, tienen actitudes diferentes hacia sí mismas y hacia los demás. La autoestima es el valor que una persona se da a sí misma, y no tiene nada que ver con la arrogancia. La autoestima es un sentimiento calmado y tranquilo de autorrespeto y autovaloración.

La manera en la que una persona se siente respecto a sí misma influye en cómo se trata a sí misma y a quienes la rodean. Afecta a su creatividad y a cuánto la muestra a los demás; influye en su estabilidad, incluida la estabilidad emocional, y determina si será un líder o solo un seguidor, si aceptará todo en silencio, consintiendo fácilmente, o si cuestionará las cosas sin miedo a dejar de ser amada por ello.

El sentimiento de valor propio forma la esencia de la personalidad de una persona e influye enormemente en su capacidad para utilizar sus propias fuerzas y cualidades. De hecho, la autoestima es el impulso que estimula a una persona hacia el éxito o el fracaso como ser humano. Los reflejos que un niño recibe a lo largo de su vida influirán en su autoestima, impactando en su éxito o su fracaso. Aquí es donde el papel del padre, la madre, el educador y cualquier otro adulto es crucial.

Hay una frase del escritor irlandés Oscar Wilde que me gusta mucho y que dice así: «Vivir es la cosa más rara del mundo, la mayoría de las personas solo existe». Esta frase resuena profundamente cuando hablamos de nuestra relación con nosotros mismos. Vivir plenamente no tiene nada que ver con el dinero, sino con la calidad de nuestras relaciones y, en especial, con la relación que tenemos con nosotros mismos.

Una persona puede ser multimillonaria, pero si sus relaciones están emocionalmente enfermas, no será feliz. Del mismo modo, si no se valora a sí misma, ni siquiera el éxito económico podrá llenar el vacío interno. Para construir una vida extraordinaria, debemos pensar en la calidad de nuestras relaciones y en cómo nos tratamos a nosotros mismos.

¿Cómo sería tu vida si, sin darte cuenta, minaras tu propia valía día tras día? Probablemente apenas sobrevivirías. Como dice la canción de The Beatles: «All we need is love» (Todo lo que necesitamos es amor). Este amor incluye tanto el amor propio como el amor que recibimos de los demás. El amor propio es una necesidad básica del ser humano y forma la esencia de nuestra personalidad, e influye en si nos impulsamos hacia el éxito o el fracaso.

Una orientación muy importante: a veces, cuando le pido a alguien que escriba sus objetivos y sueños, comienza a autosabotearse con pensamientos como: «Ni siquiera voy a poner este sueño porque es imposible de alcanzar. Ah, esto ni lo voy a escribir, porque no va a suceder». «¿Cómo voy a lograr esto?». Pensar en el «cómo» no es una acción estratégica ni inteligente cuando se trata de sueños, objetivos y de imaginar una vida extraordinaria. Más bien funciona así: cuando tu sueño tiene un porqué lo suficientemente fuerte, encontrarás la manera de lograr el cómo.

Piensa en momentos de tu vida que fueron extremadamente desafiantes de superar; momentos en los que no sabías cómo avanzar ni cómo vencer. Pero tu «porqué», tu motivo para superar el desafío, era muy fuerte. ¿Qué sucedió? Tu cerebro encontró la manera y halló la solución.

Así es como funciona tu sistema: cuando tu porqué es lo bastante fuerte, tu cerebro se encarga de descubrir cómo actuar. Por eso, al hacer el ejercicio a continuación, no te preocupes por el cómo, solo concéntrate en el porqué. Entonces ¡vamos allá!

1. Piensa y escribe: ¿qué es para ti tener una vida increíble? Recuerda que ser increíble no tiene nada que ver con ser perfecto. Deja volar tu mente y responde.
2. ¿Qué es lo más importante para ti en el mundo?
3. ¿Qué es lo más importante para ti en la vida?
4. ¿A quién amas?
5. ¿A quién quieres tener cerca? Y no me refiero solo a la cercanía física, sino también emocional. ¿A quién quieres tener a tu lado en los momentos difíciles y en los momentos felices de tu vida?
6. ¿Qué te hace feliz? Pequeñas cosas, cosas simples, grandes cosas… ¿Qué te hace feliz? No te limites en la lista. Si un día soleado te hace feliz, escríbelo; si una ducha caliente te hace feliz, escríbelo; si aprender cosas nuevas te hace feliz, escríbelo… Escribe todo lo que te hace feliz.
7. ¿Cuáles han sido los momentos increíbles que has vivido y que te gustaría repetir? Momentos de logro, diversión, crecimiento… ¿Cuáles han sido?
8. ¿A qué estás agradecido?
9. ¿Cómo es tu mejor versión? ¿Cómo es tu mejor versión contigo mismo y con los demás? ¿Cómo son tus comportamientos, tu forma de hablar y de pensar en tu mejor versión?

Ahora, antes de responder la última pregunta, relee todo lo que escribiste en las respuestas anteriores. Y, después de leer, responde la siguiente pregunta.

10. ¿Qué significa realmente tener una vida increíble para ti? ¿Qué es lo que de verdad necesitas para poder decir: «Tengo una vida increíble»? Escríbelo.

Naciste para ser feliz y vivir una vida extraordinaria, ¡hazlo todos los días de tu vida! La felicidad no está en la meta, sino en el camino. Camina de forma más ligera, más agradecida y disfruta cada momento. Al fin y al cabo, ¡la vida está hecha de momentos!

Recuerda: la única persona de la que no puedes huir ni a la que podrás evitar jamás es a ti misma. Cuando tu «porqué» sea lo suficientemente fuerte, encontrarás la manera de lograr el cómo.

Una vida increíble no tiene nada que ver con tener una vida perfecta. Estás invitado a vivir una vida increíble todos los días y, como ya te he dicho, creo profundamente, desde el fondo de mi corazón, que naciste para eso, para liderar tu vida y vivir de manera maravillosa. Por eso no te conformes con una vida normal, con una vida mediana. Mediana es solo una forma bonita de decir mediocre. Y tú no naciste para vivir una vida mediocre, en absoluto.

Sé que si estás aquí conmigo es porque tu vida ha estado llena de batallas, algunas las perdiste y otras las ganaste. Pero incluso en las victorias, saliste herido. Escucha bien lo que te voy a decir y siéntelo profundamente: la vida no es una batalla, la vida no es una guerra. En una guerra siempre hay ganadores y perdedores, o puede ser que no haya ganadores en absoluto. Pero SIEMPRE habrá heridos y cicatrices, y no tiene por qué ser así. La vida es un viaje, y que este viaje sea increíble o mediocre, solo depende de ti.

Ser tu propio líder implica tomar el control de tu vida y decidir cada día vivir tu mejor versión contigo mismo, con tus seres queridos, con aquellos con quienes convives y con quienes te encuentras. La vida es una siembra continua, y cosechamos sus frutos de vez en cuando. Piensa en lo que quieres cosechar, elige la semilla y plántala todos los días.

Vivir una vida increíble significa decidir liderar tu propia vida, tomar decisiones pequeñas pero valiosas, y comprometerte con la mejora continua. Hoy mejor que ayer. Hoy mejor que ayer. Hoy mejor que ayer, siempre.

Cuestiona todos los días: ¿qué tipo de día quiero vivir? ¿Qué tipo de historia decido escribir hoy? Y ve y vive. Ve y haz que suceda.

Si has llegado hasta aquí, ya te conozco lo suficiente para decir algunas cosas sobre ti. Si has leído cada página de este libro, sé que estás abierto y sediento de conocimiento. Sé que estás listo para ser tu propio líder, sé que eres capaz de tomar el control de tu vida y crear una existencia fantástica.

En lugar de esforzarte en
quitar las piedras del camino,
aprende a dejarlas donde están
y a caminar sobre ellas, porque son
ellas las que fortalecen tus pasos
y te enseñan cómo avanzar
con mayor sabiduría.

11
Actuando como líder

¿Cuánto tiempo llevabas sintiéndote insatisfecho?

Te pregunto esto en pasado porque ahora no tiene que seguir siendo así. A lo largo de la vida aprendemos a protegernos y muchas veces no nos damos cuenta de que nos estamos protegiendo de vivir experiencias y de crear una vida increíble. Después de leer esto ya sabes lo que estaba detrás de esos comportamientos y situaciones que parecían tan importantes. El poder de cambiar está dentro de ti. Si has llegado hasta aquí, cuentas con lo necesario para hacerlo diferente.

No tienes que seguir sufriendo, ya basta. Cambiando lo que llevas dentro, encontrarás la transformación que buscas. Sé que salir de la zona de confort da miedo. Nuestra mente trata de impedirnos avanzar. ¿Qué hacer? Reprogramarla. Superar esa barrera mental y dejar que la felicidad, los sueños y las nuevas ideas echen raíces fuertes en tu subconsciente. La vida es demasiado corta para vivirla sin propósito, sin brillo en los ojos, sin felicidad. Tu realización no puede depender de factores externos: dentro de ti están todos los recursos que necesitas.

Qué hacer ahora

Te has dado cuenta de que tu subconsciente está aprendiendo todo el tiempo y actúa según lo que ha absorbido, ¿verdad? Así que debes permitirle que aprenda lo que sabes que es bueno para ti, lo que te hará más feliz. Y entonces empezar a actuar en dirección a lo que deseas.

Como dijimos, todo es cuestión de creencias y motivación. Nunca he oído hablar de alguien que haya superado un desafío sin creer en su potencial y sin estar motivado para hacerlo. Por tanto, instala las creencias correctas en tu mente y motívate.

Adiós, pensamientos negativos

En un entrenamiento con Eduardo Shinyashiki, él dijo: «Nuestra mente solo ve lo que le enseñamos a ver». Tiene toda la razón. Necesitamos cambiar nuestra forma de leer y ver el mundo a nuestro alrededor, porque esto marca la diferencia de cómo captamos y aprovechamos las oportunidades que ya están disponibles, esperando que las aprovechemos.

Para esto, empieza eliminando de tu vida todo lo que sabes que no te aporta nada bueno. Noticias que solo hablan de crímenes y desgracias, crisis económicas, nuevas enfermedades. Estas informaciones nos hacen creer que es normal vivir en la infelicidad cuando sabemos que no es así.

Evita a las personas que siempre se quejan. Si no puedes evitarlas por completo, al menos deja de alimentar sus quejas. Demasiadas quejas nos hacen sentir víctimas de la vida.

Nadie logra nada solo lamentándose. Y lo mismo sirve para ti: deja de lamentarte y de actuar como alguien que solo reacciona a su entorno. Y aplícalo a las críticas vacías. Es momento de cambiar y usar tu energía creativa para ser el agente del cambio. Recuerda: si no puedes cambiar lo que está afuera, cambia cómo te relacionas con ello.

Deja de sumergir tu mente en el sufrimiento y de justificar constantemente tus acciones. El pasado no determina el futuro, sino lo que haces hoy. Y hoy tienes la oportunidad de revisar tus acciones y establecer metas, objetivos y actitudes que traerán un futuro mucho más próspero, alegre y satisfactorio.

Aléjate de las personas que no creen en tu potencial. No mereces escuchar que no eres capaz, porque sí lo eres. Puedes lograr todo lo que te propongas. Nunca creas en las etiquetas negativas que pretenden ponerte. El mundo exterior intenta encasillarnos, pero esas cajas son demasiado pequeñas para todo lo que podemos lograr. Así que no tengas miedo de mostrarte y reclamar el espacio que te pertenece por derecho.

No eres triste, depresivo, ansioso, perezoso, acomodado, gordo, pobre o lo que sea que digan. Estas son solo etiquetas creadas para simplificar lo que somos. Sin embargo, no somos un producto, cada ser humano es único. Tal vez no estés feliz en este momento, pero eso no significa que seas una persona triste. Tal vez aún no has alcanzado lo que deseas, pero eso no significa que seas un fracaso. La vida es movimiento. Y si no estamos en el lugar de nuestros sueños, solo necesitamos arrancar el motor y dirigirnos hacia el próximo destino.

Así que, deja de enfocarte en tu dolor actual y concén-

Actuando como líder　181

trate en arrancar de raíz tus problemas para que el árbol de la realización y la fuerza interior pueda crecer libremente. En otras palabras, deja tu mente libre para ser programada con nuevas creencias positivas.

Como ya vimos, la conciencia es lo que nos hace humanos. Es esa capacidad de darnos cuenta, de sentir y de entender todo lo que pasa a nuestro alrededor y dentro de nosotros mismos. Gracias a ella podemos entender los porqués, las razones detrás de lo que vivimos y cómo todo está conectado. Nos ayuda a ubicarnos en el tiempo, a ver cómo lo que pasó antes afecta nuestro hoy y cómo nuestro presente va a influir en nuestro futuro. Para mí, ser tu propio líder significa influir en tus pensamientos y acciones de manera positiva, es ayudarte a ti mismo a lograr cosas extraordinarias y sacar lo mejor de ti en cada situación.

La idea de ser líder no solo viene de dirigir a otros, sino de dirigirte a ti mismo con confianza. En los tiempos de los vikingos, el líder era el que marcaba el rumbo en el mar; de manera similar, liderar tu vida significa servirte a ti mismo de la mejor manera, asegurándote de que cada acción te lleve hacia donde quieres estar, manteniendo el equilibrio y la armonía en tu camino para obtener los mejores resultados posibles.

Para ser el líder de tu vida, yo propongo seguir unos principios básicos, unos puntos clave que siempre tengo presentes. Estos principios son como una brújula que me orienta y me ayuda a verificar si estoy en el camino correcto y si estoy tomando las decisiones que me acercan a mis objetivos. Son una guía para asegurarme de que estoy liderando mi vida de manera efectiva y me permiten hacer ajustes cuando es necesario.

Ley 1: examinar con criterio, no con crítica

En nuestro idioma «criticar» es una palabra que significa analizar lo bueno y lo malo de algo, pero que en la práctica suele usarse solo para mal. Piénsalo, cuando alguien se acerca y te dice que te va a dar una «crítica constructiva», ya sabes que un comentario grave viene en camino. Es como si solo con esas palabras, el ambiente se pusiera tenso y todos se preparasen para lo peor. Por eso, si lo que de verdad quieres es ayudar, criticar, al menos en la acepción más negativa, no es la mejor forma de hacerlo. Sería más conveniente quedarse callado o, ¿por qué no?, usar el término con carácter positivo y hacer una sugerencia que levante el ánimo, no que lo baje. Si eres de los que creen que criticar es necesario, prueba a cambiar la crítica por una sugerencia. Verás cómo las cosas mejoran y cómo la gente prefiere estar cerca de ti, escuchando lo que tienes que decir, en vez de alejarse cuando empiezas a criticar. Cuando eliges ser una fuente de ideas y soluciones en lugar de críticas, te conviertes en alguien a quien las personas buscan y valoran, no por temor a ser juzgados, sino por el deseo de compartir y crecer.

Siempre habrá situaciones en las que la crítica sea necesaria, pero incluso en esos momentos hay maneras de expresarla que pueden fomentar el desarrollo y la apertura, en lugar de causar heridas o resentimientos. Prueba con enfoques como «¿Has considerado intentar esto...?» o «Podría ser interesante explorar esta opción...», que invitan a la reflexión y la colaboración en lugar de imponer un juicio.

Recuerda que el objetivo no es eliminar por completo la crítica de nuestras interacciones, sino cultivar una forma

Actuando como líder   183

de comunicarnos que construya puentes en vez de levantar muros. Al adoptar un enfoque más amable y constructivo, no solo enriqueces las vidas de quienes te rodean, sino que también fomentas un entorno donde la confianza y el respeto mutuo son la norma, no la excepción. En este contexto, criticar pasa de ser un arte de señalar fallos a ser un proceso de descubrimiento mutuo, donde todos aprendemos, crecemos y, en última instancia, nos elevamos juntos.

Ley 2: aceptar las circunstancias, no huir de ellas

Quejarse parece sencillo y hasta instintivo cuando las cosas no van como queremos. Esta acción, aunque humana, a menudo nos lleva a un ciclo de negatividad y pasividad, donde construimos una realidad de limitaciones en lugar de oportunidades. Pero ser líder de tu propia vida significa ver más allá de las circunstancias actuales y buscar cómo podemos crecer a partir de ellas.

Por desgracia, hay personas que estructuran sus vidas en torno a un constante flujo de quejas y reclamaciones sin control, construyendo para sí mismos una existencia empobrecida y llena de carencias.

La forma en la que hacemos las cosas, ya sea con alegría o con molestia, realmente puede cambiar cómo nos sentimos y cómo se sienten los demás a nuestro alrededor. El hecho de gastar nuestro tiempo quejándonos solo hará que veamos todo de manera más negativa.

Lo único que se logra con la queja y el lamento es resaltar la imperfección y la incapacidad de los demás, y que quien se queja parezca supuestamente superior y más capaz.

¿Qué gana una madre al señalar y quejarse constantemente de los errores de su hijo? ¿Cómo se siente ese hijo al tener solo sus errores señalados? ¿Hay algún beneficio en esta situación, aparte de hacer que el hijo vea a la madre como capaz e inteligente, y a él mismo como todo lo contrario?

Y, en el entorno laboral, ¿qué gana un empleado cuando su jefe lo humilla y siempre apunta solo a sus fallos? En este escenario, el jefe se lamenta y se victimiza por las acciones del empleado, culpándolo por la falta de crecimiento de la empresa, en lugar de asumir la responsabilidad de lo que sucede.

Para transformar esta dinámica hay que comenzar interiorizando que las palabras tienen poder, y decidiendo conscientemente utilizar ese poder para construir en lugar de destruir. La próxima vez que te encuentres en una situación desafiante, en lugar de recurrir a la queja o al lamento, pregúntate: ¿qué puedo hacer para mejorar esta situación? ¿Cómo puedo contribuir de manera positiva? Al adoptar una actitud proactiva y centrada en soluciones, no solo cambias tu propia experiencia, sino que también influyes positivamente en las personas que te rodean.

¿Cómo se siente un estudiante que nunca ha recibido un elogio, sino solo quejas de un profesor que está harto de explicar y que le dice continuamente que no cumple con sus expectativas?

«No digan nada malo, sino solo lo bueno que ayude a los demás según lo necesiten, para que sus palabras sean de ayuda para quienes las escuchan», dice la Biblia en la Carta a los efesios 4:29. Esto significa que debemos hablar para construir, para ayudar a otros, no solo para sentirnos bien nosotros mismos.

La queja tiene un gran problema: nos quita la responsabilidad de lo que pasa. Es como si viéramos todo lo que ocurre a nuestro alrededor y pensáramos que no podemos hacer nada, que no tenemos control. Es no poner el enfoque de lo que podemos mejorar y culpar a los demás o a la situación. Es quejarse sin actuar. Es ver los problemas crecer sin hacer nada para solucionarlos, sin importar quién los causó. Tenemos dos opciones: nos quejamos y enfocamos en el problema, o actuamos concentrándonos en encontrar soluciones. ¿Cuál te parece mejor? ¿El camino que lleva a resultados buenos o el que no lleva a nada?

La gente que logra sus metas no se pasa la vida quejándose y señalando el problema. Usan su tiempo valioso en buscar soluciones, en pensar en lo que sí se puede hacer, no en lo que no. Si nos centramos en los problemas y errores, eso es lo que va a crecer. Pero si ponemos atención en las soluciones y las oportunidades, a menudo estas crecen tanto que los problemas parecen no importar.

Esto no quiere decir que si somos personas que nos hacemos cargo de nuestras acciones, no podamos hablar claro cuando hace falta. No está mal mirar a alguien a los ojos, como a un hijo, y explicarle, sin reproches, qué es lo que esperamos de él y que si sigue equivocándose, las cosas no irán bien. Si un hijo no le pone ganas a sus estudios, el padre o la madre no tienen por qué quedarse de brazos cruzados. Es importante decirle cuáles pueden ser las consecuencias de sus acciones, animarlo a mejorar y pedirle que se esfuerce más. Decir las cosas como son no significa que nos pongamos a quejarnos por cada error o mal paso como si no hubiera nada bueno.

Hay gente que se queja para llamar la atención, incluso haciéndose las víctimas. Por ejemplo, un jefe que siempre está criticando a su equipo solo está buscando excusas para no admitir que él tiene la responsabilidad de elegir, enseñar y liderar a su grupo. Igual pasa en la familia. Un padre que siempre critica a su hijo por cómo se comporta, en realidad, está olvidando que parte de la responsabilidad es suya, porque él es quien debe guiarlo y educarlo. Un niño es el reflejo de lo que aprende en casa y de cómo lo tratan sus padres.

Las personas que realmente se sienten satisfechas y logran lo que se proponen prefieren concentrarse en lo positivo, en lo que está bien, porque saben que lo que dicen puede ayudar a crecer.

Es crucial reconocer que la queja nos aleja de la responsabilidad sobre nuestras vidas. Es fácil culpar a los políticos, a un profesor, o incluso a las circunstancias por nuestras insatisfacciones. Pero ¿qué ganamos con eso? Si nos centramos en los problemas, perdemos de vista las soluciones.

Las personas que alcanzan sus objetivos dedican su energía a buscar alternativas, a mejorar, a transformar los obstáculos en escalones hacia el éxito. Convertirse en el líder de tu vida es un proceso de aprendizaje constante, donde las quejas se transforman en oportunidades para actuar. Es optar por una comunicación que construye, que eleva, que motiva. Es elegir ver cada desafío como una invitación a ser mejores y a influir positivamente en nuestro entorno. La decisión es nuestra: podemos quedarnos estancados en la queja o avanzar con acciones y palabras que reflejen la vida que queremos liderar.

Ley 3: excusar, no acusar

Una trampa común en el camino hacia el liderazgo de nuestra propia vida es buscar culpables para nuestros problemas y fracasos. Este hábito nos desvía de asumir responsabilidad por nuestro entorno, nuestros actos y los resultados que obtenemos. Es sencillo fijarse en los fallos ajenos, pero el verdadero desafío y lo que define a un líder de sí mismo, es enfrentarse a nuestros propios errores.

Desde una perspectiva neurológica, este comportamiento es un obstáculo para nuestro crecimiento. Nuestro cerebro, y más específicamente la parte encargada de ayudarnos a actuar y lograr nuestros objetivos, puede quedar atrapada en un pensamiento contraproducente: «Si los resultados no fueron los esperados y es por culpa de alguien más, ¿para qué cambiar mi forma de actuar?». Esta mentalidad nos condena a repetir nuestros errores, sin aprender ni avanzar.

Pensar que los demás deben cambiar y no nosotros es caer en una trampa sin salida. Este tipo de excusas nos impiden ver con claridad que, para liderar nuestra vida de manera efectiva, el cambio debe empezar por nosotros mismos.

He observado a muchos caer en el error de regresar de un intento fallido, ya sea en ventas o en cualquier otro ámbito, quejándose y culpando a los demás por sus insatisfactorios resultados. Pero, si seguimos creyendo que la culpa es de otros, nos estancamos, dejamos de buscar maneras de mejorar, de aprender nuevas habilidades, de capacitarnos y de crecer.

En lugar de buscar culpables, céntrate en buscar soluciones y aliados en este viaje de aprendizaje continuo. Conocí a un empresario cuyo ejemplo negativo en liderazgo se reflejaba en todo su equipo, perpetuando una cultura de señalamiento a los demás. La clave para romper este ciclo y liderar tu vida es tomar las riendas, aceptar tus errores y ver cada obstáculo como una oportunidad para mejorar y avanzar.

Convertirnos en el líder de nuestra vida implica dejar de lado la búsqueda de culpables y concentrarnos en cómo podemos contribuir positivamente a nuestra situación, aprender de nuestros errores y, sobre todo, tomar la dirección del cambio y la mejora continua.

Ley 4: ser vencedor, no víctima

A veces, sin siquiera notarlo, podemos caer en el papel de víctima, pensando que si nos lamentamos o nos mostramos frágiles, atraeremos más atención y cariño. Pero ¿alguna vez te has detenido a pensar por qué esto parece tan tentador para muchos? La explicación podría ser más sencilla y profunda de lo que imaginas, y todo comienza en nuestra niñez.

Recordarás que cuando éramos niños deseábamos sentirnos amados y apreciados constantemente. Sin embargo, si ese afecto nos faltaba por cualquier razón, de forma instintiva buscábamos maneras de conseguirlo. Imagina a un niño que, al ponerse enfermo, recibe de repente toda la atención y el cariño de sus padres, pero que, una vez que se recupera, deja de tener ese trato especial. De modo inconsciente, quizá ese niño pueda aprender que el afecto se gana a través del sufrimiento.

Crecemos, nos convertimos en adultos, pero esa pequeña voz interior, ese niño que todos llevamos dentro, sigue

Actuando como líder   189

buscando ser escuchado, sentirse importante y amado. Y ahí es cuando vuelven a nosotros, a veces sin querer, las lecciones de la infancia, como la del ejemplo: que el sufrimiento parece un medio para conseguir atención.

A veces este enfoque victimista parece funcionar, pero solo por un breve momento. Como si fuera un hábito difícil de romper, la persona que busca constantemente atención mediante la pena, termina saboteándose a sí misma, llevando su vida hacia un declive innecesario, solo para conseguir el trato que tanto anhela. Quizá empiece a mostrar a quien quiera escuchar lo difícil que es su vida, describiendo con gran detalle sus problemas, desde las deudas y dificultades económicas hasta relaciones personales fallidas. Sin embargo, el afecto y la atención conseguidos de esta manera son efímeros. Pronto, las personas a su alrededor continuarán con sus vidas, esperando que ella haga lo mismo. Pero, atrapada en su papel de víctima, esa persona se quedará flotando sin rumbo, esperando la siguiente oportunidad para mostrarse como alguien profundamente afectado por sus circunstancias.

¿Te has preguntado cuántas oportunidades se pierden por adoptar esta actitud? ¿Cuántas relaciones se deterioran o se viven de manera superficial debido a esta constante negatividad? Si lo que realmente buscas es llamar la atención, ser querido, amado y admirado, elige vivir con la mentalidad de alguien que supera obstáculos, que habla y actúa como quien ve cada desafío como una oportunidad para crecer. Que de ti solo emanen palabras que construyan, que aporten, que levanten el ánimo. La atención y el afecto duraderos no se ganan hablando constantemente de nuestras penas y angustias, a menos que quien nos escucha esté atrapado en el mismo ciclo de victimización, en cuyo caso ambos terminarán siendo dos personas emocionalmente debilitadas que se apoyan la una a la otra en un ciclo perjudicial y autodestructivo.

El verdadero afecto y la atención que merecemos no deben estar condicionados a nuestros momentos bajos. Hay formas mucho más sanas y felices de llenar ese deseo de amor, como construir relaciones genuinas y cuidar de nosotros mismos con dedicación.

En lugar de adoptar el papel de víctima, podemos decidir ser los héroes de nuestra historia. Esto significa aprender a comunicar lo que necesitamos de manera abierta y trabajar en nosotros para no depender de la compasión ajena para sentirnos valorados.

Este nuevo camino nos aleja de la necesidad de sufrir para ser vistos y nos lleva hacia una existencia más plena y auténtica. Aquí, la conexión con nosotros mismos y con los demás se basa en la fortaleza, la sinceridad y el cariño verdadero.

Al final del día recuerda que cada paso que das no solo te acerca a ser el líder de tu propia vida, sino también a descubrir que el amor más grande y transformador comienza con un simple gesto: abrazarte a ti mismo con compasión, valentía y una sonrisa, sabiendo que eres el autor de tu propia historia, una historia que merece ser contada con el corazón abierto y lleno de esperanza.

El amor y la luz que buscas en el exterior brillan con más fuerza dentro de ti. Lo más hermoso que puedes ofrecer al mundo es el reflejo de tu propia esencia, un alma que baila libre.

Ley 5: acepta tus pasos en falso

Aceptar que nos hemos equivocado no es solo aprender de lo que hicimos, es tener el coraje de admitirlo y dejar que nos impulse hacia adelante. Si no somos capaces de mirar nuestros errores de frente, nos quedamos atascados, sin poder cambiar ni crecer.

Piensa en esta historia:

> Un joven príncipe, lleno de ganas de demostrar su valor, decide ir en busca del tesoro más grande del reino. Ignora todos los consejos que le dan, convencido de que puede hacerlo solo. Pero cuando su aventura se complica, empieza a culpar a todas las cosas por ello, desde el clima hasta los mapas que llevaba.
>
> Al regresar a casa sin haber encontrado el tesoro, su padre, el rey, le pregunta qué ha aprendido. Al principio, el príncipe trata de evadir la culpa, pero pronto se da cuenta de que el verdadero aprendizaje está en reconocer sus errores. Admite ante todos que fracasó porque no escuchó los consejos de los que sabían más y porque subestimó los desafíos que enfrentaría.
>
> Este momento de honestidad no solo le haría ganarse el respeto de su pueblo, sino que también marcaría el comienzo de su verdadero crecimiento. Aprendió que ser grande no significa no equivocarse nunca, sino ser capaz de aceptar esos errores, aprender de ellos y dejar que te hagan más fuerte.

Todos tenemos momentos de elección: podemos escondernos detrás de excusas o mirar a nuestros errores de frente y aprender de ellos. Admitir dónde nos hemos equivocado nos enseña, nos hace más fuertes y nos prepara mejor para lo que está por venir. En el camino hacia el liderazgo de nuestra propia vida, reconocer nuestros fallos con valentía resulta ser el primer gran paso hacia un cambio real y profundo.

Mucha gente que se siente golpeada por las críticas y humillaciones cuando se equivoca, termina aprendiendo, sin querer, a esquivar sus errores. Tratan de no enfrentarlos para no tener que mirarse al espejo y sentirse, una vez más, menospreciados. Es fácil entender por qué se sienten así. Pero, en realidad, se están poniendo la zancadilla solos al no transformar esos tropezones en lecciones valiosas. Solo reconociendo que nos hemos equivocado y que somos responsables de esos errores, podemos crecer y alcanzar otras metas.

Para dejar atrás esa tendencia a huir de nuestros errores, hay algo muy importante que deberíamos tener claro: «Los errores no existen, solo son resultados». Las personas que alcanzan sus metas entienden esto muy bien y lo aplican en todo lo que hacen. Creen firmemente que los contratiempos no son fracasos, sino tan solo el efecto de nuestras acciones, lo que les permite aprender y asegurarse de hacer las cosas de manera diferente en otras ocasiones.

Hay una frase muy popular que dice: «Es una locura hacer lo mismo una y otra vez y esperar resultados distintos». Todos conseguimos resultados de algún tipo. Si tengo sobrepeso, no tengo por qué verlo como un fracaso; puedo verlo como el resultado de cómo vivo y me alimento. Y si quiero cambiar ese resultado, solo debo cambiar mis hábitos, buscar nuevas formas de verme, vivir, alimentarme y

Actuando como líder   193

ejercitarme. Si este mes las ventas no fueron como esperabas, no te lo tomes como el fin del mundo. Pensar así solo te desanima y, honestamente, podría hacer que el siguiente mes sea aún más complicado. Mejor intenta ver este pequeño tropiezo como una oportunidad para aprender y mejorar. ¿No buscaste nuevos clientes? Buen momento para empezar. ¿No probaste nuevas técnicas de venta? Venga, es hora de experimentar. ¿No te sentiste demasiado seguro? Levanta esos hombros y regala tu mejor sonrisa. La idea es aprender de cada situación y de todos a tu alrededor. Tómate estos resultados como un empujón para cambiar y apuntar más alto, buscando siempre maneras de hacerlo mejor.

Cuando caemos en el hábito de juzgar a los demás, nos ponemos del otro lado de la barrera, en lugar de estar hombro con hombro. Es como si, sin querer, construyéramos muros en vez de puentes y nos alejáramos en lugar de acercarnos. Y es que, cuanto más juzgamos, más creemos saberlo todo de los errores ajenos, alejándonos de la verdadera empatía.

Imagina que estás trabajando con una chica llamada Ana y las cosas no salen como esperabas. Podrías decirle «¡Ana, esto está mal otra vez! ¿Cuántas veces tengo que decirte lo mismo?». Pero, realmente, ¿qué le aporta eso a Ana? Solo logras crear tensión sin ofrecer ninguna solución. Ahora piensa en cómo cambiaría el ambiente si, en lugar de señalar con el dedo, te acercas a Ana con propuestas constructivas como: «Ana, he notado que este proyecto no salió como esperábamos. ¿Qué crees que podríamos ajustar para la próxima vez?». «Veo que has mejorado bastante, Ana. Para el próximo proyecto, ¿qué te parece si probamos una nueva estrategia juntos?». «¡Buen trabajo en este último intento, Ana! Ahora, el desafío es mejorar los tiempos. ¿Te animas a intentarlo conmigo?».

Recuerda ese dicho que nos viene bien a todos: «No hagas a los demás lo que no quieras que te hagan a ti». También piensa que deberíamos juzgar nuestras propias acciones antes de fijarnos en las de los demás.

Así que en vez de ser los críticos chillones desde la grada, ¿por qué no saltamos al campo y jugamos el partido juntos? Al fin y al cabo, todos nos equivocamos y todos enfrentamos retos. Cuando nos damos cuenta de esto, podemos ser más comprensivos y colaborar en buscar soluciones que nos hagan crecer juntos, que es siempre mejor. Cada error representa una oportunidad disfrazada para aprender algo nuevo.

He observado que muchas personas que se sienten sin suerte o que piensan que no tienen oportunidades en realidad están atrapadas por sus propias ideas limitantes. Estas personas no logran ver las oportunidades que, muchas veces, están justo delante de ellas, tan claras y directas que es casi imposible pasarlas por alto.

La gente que solo espera a que las oportunidades le caigan del cielo realmente no sabe lo que es tener el control de su vida ni mucho menos entiende el concepto de hacerse cargo de uno mismo. Para ellos, la vida es más un acto de supervivencia, un dejarse llevar por la corriente, esperando que alguien más les resuelva sus problemas o, por lo menos, no les ponga más trabas en el camino. Y, déjame decirte, vivir así no ayuda a mejorar las cosas.

Actuando como líder

Ley 6: acción, no reacción

La clave es ser protagonista, no espectador. Imagina que eres un surfista que elige montar las olas en lugar de dejarse arrastrar por ellas. Así es esta ley.

Enfrentas un desafío en el trabajo. ¿Reaccionas impulsivamente? No. Respiras, piensas y decides actuar con propósito. Transformas un posible caos en una oportunidad.

Actuar significa saber hacia dónde vas y cómo llegar. No es solo hacer, es hacer con intención. Cada paso te acerca a tus metas, te empodera y te define. ¿El secreto? Mantén la calma, planifica y aprende. Conviértete en el líder de tu vida. Actúa, no reacciones. Sé el surfista, no la ola.

Liderar tu vida no
es esperar el momento
perfecto, es actuar cuando todo
parece incierto, sabiendo que cada paso,
incluso los inciertos, son parte del
camino hacia lo que realmente
quieres lograr.

12
Entusiasmo: el arma más poderosa de la humanidad

Hoy, quienes me conocen no se imaginan las adversidades que he superado a lo largo de mi vida. Para aquellos que me siguen en redes sociales y me observan en mi día a día, puede parecer que todo ha sido fácil y que el éxito me llegó sin esfuerzo. Sin embargo, esta percepción está lejos de la realidad. Lo que me ha llevado hasta donde estoy ahora, además de la determinación, la perseverancia y el deseo de transformar mi vida, fue comprender que el entusiasmo es la herramienta más poderosa que tenía a mi alcance.

Antes de tener acceso a los libros y cursos que hoy conozco, ya intuía que la confianza en uno mismo permite lograr cosas que parecen imposibles cuando se duda. Descubrí que un espíritu entusiasta puede superar los obstáculos más difíciles y abrir caminos hacia el progreso. La fe, cuando es sólida, nos proporciona la perseverancia y la energía necesarias para vencer cualquier desafío.

Con el tiempo aprendí que los grandes pensadores de la historia han transmitido este mismo mensaje de distintas maneras. Los libros que desvelan el secreto del éxito coinciden en que, cuando nos debilitamos, permitimos que la falta de confianza nos impida avanzar, dándonos por vencidos ante los obstáculos.

Hoy puedo decir que el entusiasmo ha sido mi guía y mi fuerza, y que me ha ayudado a transformar mi vida y a alcanzar mis metas. A medida que las cosas comenzaron a suceder, me di cuenta de que había un patrón en ellas, que no eran fruto de la mera casualidad. Además de ser el resultado de un arduo trabajo, había una actitud en mí, relacionada con la manera en que conducía mi vida.

Crear una vida llena de infinitas posibilidades está relacionado con el poder divino del ser humano de crear nuestra propia realidad. Para ello, necesitamos deshacernos de todo el lastre emocional, limpiando la mente de esos pensamientos que insisten en bloquear lo que es próspero. Podemos despertar cada mañana y repetirnos a nosotros mismos que todo va a salir mal y que el fracaso es una consecuencia natural de todo lo que hacemos. Podemos incluso creer que queremos algo, pero comportarnos como fracasados, observando la vida como meros espectadores. Suelo decir que yo mantengo los pies en la tierra y la cabeza en las estrellas, siempre. Y quizá ese sea el consejo que te puedo dar.

Cuando todas las posibilidades parecen agotadas, mantengo una capacidad que todos tenemos dentro de nosotros, pero en la que confiamos poco, de ver más allá de lo que otros pueden ver. Algunos llaman a esta cualidad visión, otros la llaman intuición aguda. Independientemente del nombre, creo que todos tenemos esta potencialidad.

Dicen que una vez, Einstein le preguntó a un ganador del Premio Nobel de Literatura: «¿Cómo trabaja un poeta? ¿Cómo surge la idea de un poema en la mente? ¿Cómo se desarrolla esa idea?». El poeta respondió que era importante mantener la intuición y el inconsciente, lo cual dejó al científico feliz.

Dice Klimovsky: «El mecanismo del descubrimiento no es ilógico, es una iluminación repentina, casi un éxtasis. Luego analizamos y experimentamos para confirmar la intuición. Cuando tenemos intuición, no experimentamos nada que viene de afuera, sino algo de dentro. La visión interna debe funcionar para que podamos ver más allá de lo que todos pueden ver».

Y yo te pregunto: ¿qué te impide hoy ver más allá?

Solo lo que te hace bien

Ahora que sabes cómo proteger tu mente, es hora de cultivar las semillas que te llevarán a la felicidad y al éxito.

Sumérgete en contenidos que estén alineados con lo que deseas. Habla sobre cosas positivas relacionadas con tus metas, conoce a personas que ya las han logrado y verás que es posible. Lee libros que te gusten y te hagan sentir bien. Los libros no solo relajan, también enseñan, tanto de manera consciente como subconsciente. Aprovecha esto y comparte lo que aprendes con las personas cercanas. De esta forma, también los ayudarás y te sentirás más especial y preparado para alcanzar tus sueños. Rodéate de gente con una mentalidad positiva. Encuentra personas que ya hayan superado los problemas que tú quieres superar. Mantente cerca de quienes te apoyan y creen en tu potencial. Habla sobre tus planes y objetivos en lugar de tus problemas o la vida de otras personas.

Entusiasmo: el arma más poderosa de la humanidad

El mediocre habla de personas. El común habla de hechos. El sabio habla de ideas.

La influencia de la gente es más fuerte de lo que imaginas. De hecho, hay un estudio realizado por dos científicos americanos que lo demuestra. Los investigadores pidieron a jóvenes de dieciocho clases diferentes que hicieran una prueba de cociente intelectual (CI). Solo los profesores verían los resultados; los estudiantes no sabrían nada. Los investigadores seleccionaron a algunos de los estudiantes que tenían un CI más normal y les dijeron a los profesores que esos estudiantes eran los más inteligentes. Después de recibir esta información, los profesores comenzaron a tratar a estos estudiantes como si de verdad fueran más inteligentes y, en efecto, estos estudiantes obtuvieron mejores notas en las pruebas regulares de la escuela. Aquellos que los profesores creían que eran normales no cambiaron su rendimiento. ¿Por qué hubo esta diferencia en el rendimiento de estos chicos cuando todos los estudiantes tenían habilidades similares? ¿Qué hizo que algunos destacaran más? La conclusión fue que la creencia de los profesores influyó significativamente en el rendimiento de los estudiantes. Es decir, solo por el hecho de que los profesores pensaban que ciertos estudiantes eran más inteligentes, estos realmente comenzaron a obtener mejores resultados. Aquellos que los profesores consideraban promedio obtuvieron resultados normales.

Pero lo más sorprendente fue lo que sucedió ocho meses después. Para concluir su estudio, los investigadores volvieron a aplicar el test de CI a estos estudiantes y, al hacer la evaluación de nuevo, los investigadores encontraron que los estudiantes que antes eran considerados «normales» por los profesores mantuvieron sus resultados promedio en el test, pero aquellos que fueron etiquetados como «los mejores» en la primera evaluación, obtuvieron puntuaciones mucho más altas en el segundo test.

La creencia positiva de los profesores sobre estos estudiantes no solo les hizo sacar mejores notas en las pruebas, sino que también los hizo más inteligentes, como demostró el test de CI.

La moraleja de todo esto es que si te rodeas de personas que ya creen que eres lo que quieres ser, te elevarán y cambiarán tu mente. Como dice la famosa frase de Jim Rohn, escritor y conferenciante estadounidense: «Eres el promedio de las cinco personas con las que más tiempo pasas».

No te detengas

Adoptar actitudes y comportamientos positivos como un hábito hará que la transformación en tu vida ocurra de manera natural.

Ya sabes que tú decides dónde poner tu atención. Y cuando te enfocas, tu subconsciente sigue. Así es como cambiarás tus patrones, aquello que crees que no está bien en ti.

No te digo que será fácil. Tu mente siempre tratará de llevarte a la zona de confort, aunque no sea el mejor camino para los cambios que necesitas. Por eso tendrás que usar tu fuerza de voluntad y aplicarla en lo que realmente importa. En los momentos en que sientas que te falta, escucha un audio motivacional en la aplicación PlenaMente, relee alguna parte del libro, llama a esa persona que cree en ti...

Entusiasmo: el arma más poderosa de la humanidad

Estoy seguro de que encontrarás una forma de mantenerte motivado.

Tú puedes hacerlo. Lo importante es no detenerse. Mantente firme, aguanta hoy, mañana y hasta completar una semana, ¿recuerdas? Luego repítelo, hasta que te acostumbres a la nueva realidad. Si piensas en rendirte, recuerda que eres más fuerte que el desánimo.

¡Yo creo en ti! Creo que lo lograrás porque has decidido hacerlo. Como diría uno de mis mentores, Conrado Adolpho, «el éxito es una decisión». Me dio una pulsera con este lema y llevo esa frase en mi muñeca para recordarme que lograr lo que quiero solo depende de mí.

Depende de ti decidir superar tu desafío. Pero no es una decisión que tomas una sola vez. Ya sabes, en cada momento estamos eligiendo y tomando decisiones. El éxito es una decisión que se toma constantemente. En cada momento y en cada situación debes aplicar lo que has aprendido y mantener el enfoque.

Has llegado hasta aquí. ¿Te has dado cuenta de que esto también ha sido por tu programación subconsciente? Podrías haberte detenido a mitad de camino, pero elegiste seguir mejorando. Esa es la programación de alguien que está destinado a vivir una vida extraordinaria, a superar las barreras de su propia mente.

Desbloquear el poder de tu mente significa entender cómo te ha llevado a donde estás hoy y comprender que ahora podemos decidir quiénes seremos. Y el ahora es la única constante.

Ahora: ¿qué compromiso asumes con tu propia historia?

Ahora: ¿cómo vas a responder ante tu situación actual?

Ahora: ¿qué te vas a decir a ti mismo sobre el desafío que tienes por delante?

El ahora es el momento único en el que puedes marcar una gran diferencia en tu vida y en la de los que amas. Y ahora tienes el conocimiento necesario para hacerlo. Y quizá eso era todo lo que necesitabas para empezar la transformación.

El entusiasmo no
solo es una chispa, es
el combustible que mantiene
tus sueños encendidos incluso
cuando las circunstancias parecen
apagarlos. Mantén ese fuego vivo,
porque tu éxito es una
decisión diaria.

13
El mundo necesita de ti más de lo que crees

Trabajar con otros me ha enseñado una gran lección: no podemos ser solo espectadores de nuestra propia vida, concentrándonos únicamente en nosotros mismos. Es crucial mirar más allá, preocuparnos y ocuparnos también de quienes nos rodean. Es fundamental cultivar un deseo genuino de compartir: conocimientos, experiencias y tanto nuestros aciertos como nuestros errores. Al compartir, no solo multiplicamos lo que sabemos y tenemos, sino que también sumamos valor a nuestras vidas y a las de los demás. Este intercambio nos enriquece, nos hace crecer y nos permite construir juntos un camino mejor.

Es el momento de generar una oleada de cambio positivo. Piénsalo: eres más necesario en este mundo de lo que imaginas. Hay personas que cuentan contigo, que esperan tu apoyo, a veces gente que ni siquiera has conocido aún. Muchos esperan que marques la diferencia, para tomar tu ejemplo como inspiración y creer en sus propias capacidades. Personas que entienden que nos transformamos en lo que más admiramos y buscan en ti esa chispa para alcanzar sus sueños.

Por eso mi deseo más grande es que tomes las riendas, que te conviertas en esa inspiración para los que caminan a tu lado. Enfócate en ser tu propio líder, tu creador, y verás cómo se transforma, no solo tu vida, sino también la de los demás.

En el camino de la vida hay dos cosas con las que nunca deberíamos ser egoístas: compartir lo que sabemos y mostrar afecto. Estas son claves para liderar tu propia vida. Así que, aquí van dos ideas importantes al respecto:

1. **No te guardes los elogios, repártelos.** Un abrazo, un gesto de cariño puede hacer un gran cambio para alguien más. Y cuando se trata de lo que sabes, no lo mantengas solo para ti; compártelo, porque tus ideas y lecciones pueden ayudar a muchos.

2. **Ser tu propio líder significa estar dispuesto a aprender y crecer, pero también a actuar y ayudar a otros a hacer lo mismo.** Tienes lo que se necesita para enfrentar desafíos y moverte hacia una vida increíble. Al compartir lo que aprendes y mostrar cariño, no solo te estás ayudando a ti mismo, sino que también estás siendo una chispa de motivación para otros. Esto va sobre vencer dudas, creer en lo bueno y en las posibilidades, tanto tuyas como de los demás. Así, al alcanzar tus propios objetivos, también dejarás un camino que otros pueden seguir, mostrando que es posible ser el líder de su propia vida. Esta es tu oportunidad de marcar la diferencia de una manera simple pero profunda.

El mundo es un mosaico de personas, y cada uno de nosotros aporta una pieza única a la imagen general. Sin tu pieza, el mosaico estaría incompleto. Necesitamos tu risa, tus sueños, tu determinación y tu compasión para hacer de este mundo un lugar mejor. Así que la próxima vez que dudes de tu importancia en el gran esquema de las cosas, recuerda esto: cada pequeño esfuerzo cuenta, cada palabra puede ser un consuelo, cada idea puede abrir nuevos caminos y cada día es una oportunidad para impactar positivamente. El mundo no solo necesita más de ti de lo que imaginas, sino que espera con ansia las maravillas que solo tú puedes aportar.

Ten siempre en mente que, al liderar tu propia vida, no solo encuentras caminos hacia tu felicidad, sino que también iluminas el camino para otros. Este es el corazón de tu propósito de ser tu propio líder: compartir esas chispas de alegría y aprendizaje puede hacer de nuestro entorno un lugar mucho más positivo.

Así que te invito, con mucho cariño, a compartir tus logros y tus momentos de aprendizaje. Cada vez que superas un obstáculo o descubres algo nuevo sobre ti mismo, tienes una historia poderosa que puede inspirar a otros a hacer lo mismo. Si este libro te ha motivado a ver las cosas de otra manera o te ha ayudado a avanzar, entonces he cumplido mi meta. Y, al compartirlo, no solo estás recomendando un libro, sino que estás invitando a alguien más a emprender su viaje de autoliderazgo.

Juntos podemos hacer que el camino hacia nuestro autoliderazgo no sea un camino solitario, sino una invitación abierta a todos para descubrir su potencial y compartir su luz.

Te espero en este viaje de crecimiento y cambio.

Agradecimientos

Creo que cada persona que pasa por nuestra vida deja una marca. Y así ha sido conmigo. Estoy agradecida a muchas personas que han pasado por mi vida y han dejado su marca, una enseñanza que me ayuda a ser quien soy hoy. Algunos siguen siendo amigos cercanos, otros toman caminos diferentes y se alejan. Algunos se quedan más tiempo, ayudándome en grandes logros, otros, a veces, solo un día. Lo que importa es que cada uno tuvo su papel y por eso quiero dejarles mi gratitud aquí.

A mi familia, por su amor incondicional y su apoyo constante. A mi amado, Vinicius, por desafiarme a ser mejor todos los días y ser mi mayor fuente de inspiración.

A la vida, por sus lecciones y oportunidades. A Dios y al universo, por la guía espiritual y las bendiciones incontables. Por guiarme y permitirme crecer a través de cada experiencia.

Por último, y tan importante como todos, te agradezco a ti, lector, por la confianza, por elegir este libro. Ojalá pueda ser el inicio de una vida mucho mejor.

Mi eterna gratitud.

Bibliografía

Adolpho, Conrado. *Oito P's do Marketing Digital: o guía estratégico de marketing digital*. 8Ps Editora, 2016.
Estrategias de éxito en marketing digital que inspiran acción.

Braga, Paulo Vieira. *O Poder da Autorresponsabilidade*. Editora Gente, 2016.
Cómo la responsabilidad personal define el éxito.

Burchard, Brendon. *El manifiesto de la motivación: 9 declaraciones para reclamar tu poder personal*. Hay House, 2014.
Inspiración para tomar el control de la vida y actuar con propósito.

Carnegie, Dale. *Cómo ganar amigos e influir sobre las personas*. Sudamericana, 1936.
Técnicas de comunicación efectiva y liderazgo social.

Castro, Caio Carneiro. *Seja Foda!* Buzz Editora, 2017.
Inspiración sobre cómo adoptar una actitud ganadora y enfocada.

Coelho, Paulo. *El alquimista*. HarperCollins, 1993.
Un clásico sobre la búsqueda personal, el destino y los sueños.

Covey, Stephen R. *Los 7 hábitos de la gente altamente efectiva.* Paidós, 1989.

Un clásico sobre la productividad y el desarrollo del liderazgo personal.

Doidge, Norman. *El cerebro que se cambia a sí mismo: historias de triunfo personal de la frontera de la ciencia del cerebro.* Reverté, 2007.

Sobre la neuroplasticidad y cómo el cerebro puede reprogramarse para lograr cambios.

Einstein, Albert. *El mundo tal como yo lo veo.* Paidós, 1984.

Citas y reflexiones sobre la creatividad y el descubrimiento.

Goleman, Daniel. *Inteligencia emocional.* Kairós, 1995.

El poder de las emociones en la toma de decisiones y el éxito.

Hill, Napoleon. *Piense y hágase rico.* Obelisco, 1937.

Sobre la mentalidad necesaria para alcanzar el éxito personal y financiero.

Klimovsky, Gregorio. *Las desventuras del conocimiento científico.* Eudeba, 1995.

Reflexiones sobre la intuición y el proceso de descubrimiento científico, incluida la cita que se menciona sobre la intuición.

Kübler-Ross, Elisabeth. *Sobre la muerte y los moribundos.* Grijalbo, 1993.

Reflexiones sobre el duelo y cómo enfrentar los desafíos emocionales.

Maxwell, John C. *Las 21 leyes irrefutables del liderazgo.* Grupo Nelson, 1998.

Principios fundamentales sobre cómo liderar y dirigir a otros.

Rohn, Jim. *7 Estrategias para alcanzar riqueza y felicidad.* Pirámide, 1996.

Estrategias prácticas para lograr el éxito personal.

Rohn, Jim. *Las estaciones de la vida*. Jim Rohn International, 1981.

Desarrollo personal y filosofía de éxito.

Shinyashiki, Eduardo. *Viva Como Você Quiser*. Gente, 2015.

La autorresponsabilidad y cómo tomar las riendas de la vida.

Sinek, Simon. *Start with Why: How Great Leaders Inspire Everyone to Take Action*. Penguin, 2009.

Cómo los grandes líderes inspiran a los demás a través de su propósito.

Tolle, Eckhart. *El poder del ahora: Un camino hacia la realización espiritual*. Grijalbo, 1999.

La importancia de la conciencia plena y vivir en el presente.

Wilde, Oscar. *El alma del hombre bajo el socialismo*. Cátedra, 1991.

Reflexiones sobre la libertad, la creatividad y vivir auténticamente.